# 自治体の
# 人事担当に
# なったら読む本

鳥羽 稔［著］

学陽書房

# はじめに

　自治体の人事の仕事は「人事行政」と呼ばれ、行政運営に必要な人材を確保し、その人材が持つ能力が十分発揮されるよう意欲を高める取組み、全般をさすものです。

　具体的には、「職員を採用する」「採用後の配属を決定する」「人事異動を行う」「研修を実施する」「人事評価を行う」「給料・手当を支払う」「勤務時間・休暇などの勤務条件を運用する」などが思い浮かぶのではないでしょうか？

　本書は、新たに自治体の人事担当者となった皆さんが、それぞれの業務内容のポイントを把握し、日々の仕事に役立ててるために、必要な知識やノウハウをまとめました。

　人事の仕事は、対象が自治体で働く「職員」であり、その職員から信頼されるものでなければなりません。そのためには、人事の仕事は公正に行われることが前提となります。

　このため、担当者となった皆さんには、地方公務員法、人事院規則、労働法令、給与勤務条件に関する条例・規則などの「仕組みの理解」が求められてくるでしょう。まずは、本書の内容を出発点として、知識を深めるきっかけとしていただければと思います。

　そして、他の人事担当者が行っている業務内容の概要も併せて理解することで、それぞれの関連性をつかんでください。

　また、人事の仕事は、職員の意欲・能力を高めるために行われるものでもあります。自治体の人事では、法令に基づく運用に重心がおかれがちですが、「それぞれの業務がどのように職員に影響を与えているのか」という視点は、人事担当者の皆さんが自らの仕事に意義を持ち続けるといった意味でも、大切になります。

　本書では、それぞれの業務ごとにキャリア理論をはじめとする「働く

人の理解」に役立つ情報も紹介しているので、ぜひ参考にしてください。

　このほか、これからの人事担当者に必要となる「新しい取組み」についても取り上げました。

　自治体組織は、人口減少社会を迎え、限られた人数で、多様化・高度化した行政ニーズや感染症・風水害対策などこれまで経験したことのない事態に迅速かつ柔軟に対処することが求められています。それに加え、多様化する職員の働き方への対応にも、世間的な関心が寄せられています。自治体の人事には、こうした環境の変化に対応するためにも、新たな視点を取り入れた取組みが求められているのです。

　本書ではこれらの「新しい取組み」に関する仕組みや各種研究会での議論の内容・方向性、先進自治体での事例を紹介しています。皆さんの自治体での施策の検討にお役立ていただければと思います。

　いうまでもなく、行政サービスを提供するのは、一人一人の職員です。その職員の意欲と能力を発揮してもらう取組みを担う、私たち人事担当者の仕事はとても重要なものなのです。

　是非、一緒に、頑張りましょう！

2022 年 3 月

　　　　　　　　　　　　　　　　　　　　　鳥羽　稔

※本書は、各種法令の内容、施行通知、行政実例、国の研究会等の内容
　を踏まえたものであり、筆者の所属団体の見解ではありません。

# 第 1 章 人事担当者の仕事へようこそ

# 第 2 章 採用・退職に関わる仕事

# 第3章 給与・勤務条件に関わる仕事

# 第4章 人事評価・人事異動に関わる仕事

# 第5章 職場環境・服務・労使関係に関わる仕事

# 第6章 多様な人材の活用に関わる仕事

# 第7章 自治体のみらいと人材育成に関わる仕事

# 人事担当者の
# 仕事へようこそ

**本** 章では、人事担当者として、最初に押さえてほしいポイントトとして、人事の仕事の全体像、スケジュール、目的、求められる能力などをまとめました。また、自治体組織・地方公務員法・労働法令などの働く仕組みのほか、「やる気」や「リーダーシップ」など「働く人」についても、取り上げます。

# 1|1 ◎…人事担当者が目指すもの

## ▶▶▶ 人事担当者の仕事の全体像

　自治体の施策は、住民の日常生活を支える基礎的な行政サービスに加え、道路などの社会資本整備、商工業施策の推進、防災体制の構築など、多種多様です。

　私たち人事担当者の仕事は、これらの自治体の施策を担っている職員

図表1　人事の仕事の場面と主な業務内容

| 場面 | 主な業務内容 |
|---|---|
| 職員を確保する<br>（募集・採用） | ・採用計画の策定<br>・募集、採用試験の実施<br>・入庁手続き、初任給決定 |
| 職員を職務に就ける<br>（任用管理） | ・初任配属、異動<br>・昇任、昇格<br>・人事評価制度の運用 |
| 職員の能力を伸ばす<br>（人材育成・キャリア開発） | ・研修の企画、実施<br>・自己啓発支援 |
| 職員の働き方を管理する<br>（労務管理） | ・勤務時間制度の整備<br>・労働時間、服務の管理<br>・職員組合との協議、交渉 |
| 職員に給料・報酬を支払う<br>（報酬管理、社会保険） | ・給与制度の整備<br>・給与支給に関わる事務<br>・共済組合に関わる事務 |
| 職員の働きやすい環境を整備する<br>（職場環境整備、福利厚生） | ・安全衛生管理体制の整備<br>・メンタルヘルス対策の実施<br>・ハラスメントの防止対策の実施<br>・福利厚生施策の企画運営 |

を管理する一連の業務であり、主に**図表1**に挙げた場面において実施されています。それぞれの業務は関連しながら進められますので、まずは大まかでもよいので、全体像を把握しましょう（**図表2**）。

図表2　人事の仕事のスケジュールの一例

| 場面 | 4月〜6月 | 7月〜9月 | 10月〜12月 | 1月〜3月 |
|---|---|---|---|---|
| 募集・採用 | 入庁　→ | 採用試験　→ | 合格発表〜 | 採用準備 |
| | | | | 採用計画策定　→ |
| 配置・評価 | 人事異動 | 人事ヒアリング　→ | 配置案〜内示 | |
| | 期首面談 | 中間面談 | | 評価開示 |
| 人材育成 | 新人研修 | 階層別研修 | 研修計画策定 | |
| 労務管理 | 夏季交渉 | 人事院勧告 | 確定交渉 | 春闘交渉 |
| 報酬管理 | → 月例給与 | | 年末調整　→ | |
| | 昇給昇格 期末勤勉手当 | | 期末勤勉手当 | |
| 職場環境整備 | → 安全衛生委員会（月1回） | | → | |
| | 施策の実施（ストレスチェック、健康診断など） | | | |

## ▶▶▶ 人事担当者の仕事の目的

　人事担当者の仕事には、大きく二つの目的があります。

　一つめは、自治体運営に必要な人材を確保し、効果的効率的に活用することで、質の高い行政サービスを実現することです。職員の勤怠管理、育成、評価などの人事管理は部門の部局長や所属長なども担いますが、事業を進めることが優先となり手が回らないこともあります。また、人事部門が専門的かつ集中的に人材を確保し、全庁的な人材バランスを踏まえて職員配置を行う方が、効率的効果的な人材活用につながります。

　二つめは、職員の意欲を高め、成長につながる取組みを通じて、変化

の激しい時代に対応できる組織をつくることです。今、時代は「Volatility」（不安定）、「Uncertainty」（不確実）、「Complexity」（複雑）、「Ambiguity」（不透明）の「VUCA時代」といわれ、行政課題の変化のスピードが速くなっています。また、職員の働くことに対する価値観の多様化も進み、職員一人一人が働きやすさと働きがいを感じられる組織づくりも求められています。

　このように、私たち人事担当者の仕事は、「行政サービスを担うために確保した人材を組織として効率的効果的に活用すること」「職員一人一人が能力を発揮し高い意欲や成長が感じられる組織をつくること」になります。つまり、「人を通じて事を為す」ことを、私たちは求められているのです。

## ▶▶▶ 人事担当者に必須の3つの能力

　人事担当者に求められる能力は様々ですが、特に次の3つは必須です。

### （1）伝える力

　人事担当者の仕事の多くは、全庁に関わるものであり、上司や同僚のみならず、経営層や他の所属の管理職、職員組合など様々な立場の職員に、仕事の内容を伝え、理解してもらう必要があります。また、職員採用の場面においても、応募者に対して組織に求められている人材像、働く魅力など仕事内容を具体的に伝えることも求められます。このため、「物事を論理的に順序だてて整理、説明する」「図解化するなど視覚的にわかりやすくする」「相手の理解度に合わせて情報量を調節する」「相手が行動しやすいよう背景や目的を丁寧に説明する」など、高い説明能力が求められます。そして、他者に物事を伝えるためには、「相手と自分との立場や理解の溝」を認識する必要があることから、傾聴、確認、質問を重ねる力も併せて重要です。

### （2）課題解決能力

　人事担当者の仕事には、採用計画の策定や人事異動などの組織全体に関わる業務や、勤務時間制度の改正や女性の活用施策などの企画立案に関わる業務も多くなります。人事担当者には、人に関する組織的な課題

について、現状を分析し、解決に向けた方策を立案し、具体化する課題解決能力が求められます。この力を高めていくには、普段から「自治体の基本構想、基本計画、政策内容」「法改正や人事労務管理に関する社会の動き」などに目を通しておく必要があるでしょう。このほか、組織内で起きている出来事を把握するために、「職員の声や要望」にもアンテナを高くしておく姿勢も大切です。

　また、制度の企画立案の際は、組織全体への影響をふまえ、職員間に不必要な不公平感を生まないよう留意しなくてはなりません。そのため、過去からの経緯経過や組織全体への影響について、「重複・漏れ・ずれ」がないよう把握する姿勢が大切です。これについては、「MECE」（Mutually Exclusive, Collectively Exhaustive：モレなく、ダブりなく）という「ある事柄を重なりなく、漏れのない部分の集合体としてとらえる」技術など、様々な論理的思考に関するフレームワークがありますので、研さんを続けましょう。

### （3）情報収集力

　人事担当者の仕事には多くの情報が必要となります。地方自治法、地方公務員法、条例規則や労働法令など、人事管理に必要な法知識をはじめ、組織、職制、職員の異動履歴などの情報を把握しておくことが望まれます。このほか広報・ホームページ・SNS、総合計画、予算書や決算書などを確認することで、自らの自治体の動きも把握しましょう。

　また、情報収集の際には、物事のとらえ方が偏らないようできるだけ複数の視点を取り入れましょう。そのためには、庁内の職員と良好な関係を築くことに加え、自治体や公務員の枠を飛び出して積極的に外部との関係性を築き、様々な視点を得ていく姿勢も大切です。

## ▶▶▶人事当者としての持つべき4つの心構え

　人事担当者として仕事をしていく上で必要な心構えを、4つ紹介します。

### （1）情報の取扱いに注意すること

　人事の仕事では、自治体経営に関わる重要情報、職員の個人情報など

を扱う機会が多くなります。「机の上の書類やパソコン画面は他人から見られないようにする」「周囲の状況を確認しながら話をする」などの細心の注意を払いましょう。また、「相手が情報をどこまで知っているか」「情報をどこまで伝えるべきか」を念頭において、コミュニケーションを図りましょう。

## （2）常に謙虚さを意識すること

人事担当者となると全庁の管理職や職員からの相談を受ける機会が多くなるため、「自分が偉くなった」と勘違いし、高圧的な態度をとるようになる場合があると聞きます。

人事の仕事の目的は、職員を通じて、住民の生活を支え地域を発展させることです。このことを常に意識し、謙虚さをもった行動が求められます。そして、常に周囲から見られているという意識をもち、態度、言動、服装などを正して立ち振る舞い、信頼を高めていくことが大切です。

## （3）自分の仕事の影響を意識すること

人事の仕事を進めるに当たり、社会情勢や他自治体の動向など、色々と情報を積極的に入手して、新しい施策を取り入れていく姿勢は大切です。一方で、人事の仕事は、長年の間、職員の働き方や職場風土に深く影響してきています。「不易流行」という言葉のとおり、新たな施策を取り入れる際は、全体を俯瞰し、総合的な選択をしていく姿勢が求められます。そのため、自分の仕事が組織や職員に対してどのように影響を与えているかを意識することを心がけましょう。

## （4）「職員が幸せになる」という気持ちを持ち続けること

人事担当の仕事は直接事業に関わらず、住民生活に貢献している実感は得にくいかもしれません。しかし、私たちの仕事は職員の意欲や成長性を高める重要な仕事です。幸せのメカニズム「幸福学」を提唱する前野隆司先生は、人が幸せを感じるときの4つの因子の一つに、「自己実現と成長」を挙げています。このことは職員の自己実現と成長をサポートする私たち人事担当者の仕事が「職員が幸せになること」につながることを、示唆してくれています。前向きな気持ちを持ち、日々知識とスキルを磨いていきましょう。

# 1│2 ◎…自治体の組織と人事の仕組みを理解しよう

## ▶▶ 自治体組織の仕組みを知ろう

　人事の仕事を進めるに当たっては、職員が働く自治体組織の仕組みや運営方法を把握する必要があります。

　自治体の組織の設置や運営に関する事項は、地方自治法（以下「自治法」という。）で基本的な事項が定められ、「普通地方公共団体の長は、その権限に属する事務を分掌させるため、必要な内部組織を設けることができる。」とされています（自治法第158条）。そして、首長の直近下位の内部組織は条例で、一段下位の課、担当室などの組織は規則で定められます（**図表3**）。また、それぞれの組織がどのような仕事を担当するかは、事務分掌を定める規則や規程で定められていますので確認しておきましょう。

## ▶▶ 自治体組織の意思決定方法を知ろう

　自治体組織の意思決定は、事務分掌により組織ごとに守備範囲が決まっているほか、部長、課長、係長などの職制上の段階に分担されています。この分担の仕組みは、事務決裁規程により定められています。また、この職制上の段階における職務内容の基準については、地方公務員法（以下、「地公法」という。）上、等級別基準職務表を給与条例で定め、等級制度と給与制度との整合を図っており、その段階と各段階の人数は毎年度公表されています（地公法第25条第3項第2号）。

　このほか意思決定方法として、庁議などの組織を横断する会議体、外部の専門家・住民などで構成する附属機関である審議会、参与や顧問な

どの非常勤特別職が関わる点についても押さえておきましょう。

図表3　自治体組織の例

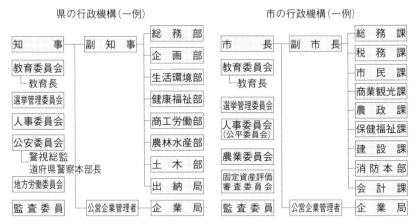

（出典：総務省ホームページ「地方自治制度の概要」）

図表4　自治体における職制の構成例

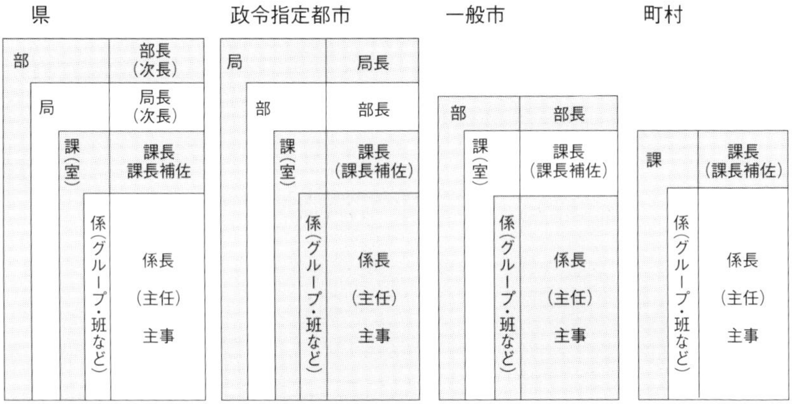

（出典：総務省　地方公務員の給料表等に関する専門家会合（第2回）配付資料）

## ▶▶ 自治体の人事制度の仕組みを知ろう

　地公法は、憲法第92条の規定を受け制定された、職員の身分取扱いに関する統一的な法律で、5つの基本理念をもとに、地方公務員の具体的取扱いを定めています。

図表5　地方公務員制度の5つの基本理念

| 全体の奉仕者<br>（憲法第15条<br>地公法第30条） | すべての公務員は、全体の奉仕者であって一部の奉仕者ではないこと。 |
|---|---|
| 勤労者性<br>（憲法第28条、<br>地公法第37条、<br>第38条、第52条） | 労務提供の対価として報酬で生計維持する存在として、労働者性を有するものであること。<br>ただし、全体の奉仕者であること、公共性の高い職務を行っていることから、労働基本権の制限や営利企業への従事制限など一定の制約が課されること。 |
| 成績主義<br>（地公法第13条、<br>第15条） | 職員の任用は、受験成績、人事評価その他能力の実証に基づいて行わなければならないこと。 |
| 政治的中立性<br>（地公法第36条） | 公正な行政運営の維持、行政の安定性、継続性を確保するとともに、政治的な影響力から距離を保つことで職員の身分を保障するため、政治的行為には一定の制限が加えられていること。 |
| 能率性<br>（地公法第1条<br>自治法第2条第14項） | 公務能率の向上確保を目指すため、科学的かつ合理的な基礎により裏付けられた能率的な制度により、地方公共団体の行政の民主的かつ能率的な運営を図ることにつなげること。 |

　自治体の人事制度は地公法に基づいており、仕事を進める上で必ず理解が求められますので、人事の仕事と地公法の条文の関係性を把握しておきましょう（図表6）。
　なお、地公法は特別職を除くすべての一般職に適用されますが、教職員や警察・消防職員など、職務と責任に特殊性がある職員には、一部適用されず、それぞれ別の法律が適用される条文がある点もそれぞれ確認しておきましょう（地公法第57条）。

図表 6　人事の仕事と地方公務員制度との関係イメージ

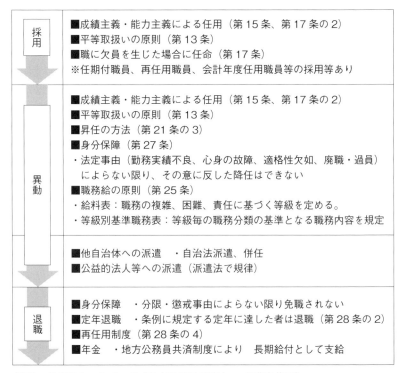

| 採用 | ■成績主義・能力主義による任用（第 15 条、第 17 条の 2）<br>■平等取扱いの原則（第 13 条）<br>■職に欠員を生じた場合に任命（第 17 条）<br>※任期付職員、再任用職員、会計年度任用職員等の採用等あり |
|---|---|
| 異動 | ■成績主義・能力主義による任用（第 15 条、第 17 条の 2）<br>■平等取扱いの原則（第 13 条）<br>■昇任の方法（第 21 条の 3）<br>■身分保障（第 27 条）<br>・法定事由（勤務実績不良、心身の故障、適格性欠如、廃職・過員）によらない限り、その意に反した降任はできない<br>■職務給の原則（第 25 条）<br>・給料表：職務の複雑、困難、責任に基づく等級を定める。<br>・等級別基準職務表：等級毎の職務分類の基準となる職務内容を規定 |
| | ■他自治体への派遣　・自治法派遣、併任<br>■公益的法人等への派遣（派遣法で規律） |
| 退職 | ■身分保障　・分限・懲戒事由によらない限り免職されない<br>■定年退職　・条例に規定する定年に達した者は退職（第 28 条の 2）<br>■再任用制度（第 28 条の 4）<br>■年金　・地方公務員共済制度により　長期給付として支給 |

（出典：総務省ホームページ「地方公務員制度」、一部著者修正）

## ▶▶　地方公務員の分類を整理しよう

　地方公務員は次のような分類があります。これらの分類により、身分取扱いが異なりますので、確認しておきましょう。

### （1）一般職と特別職

　地方公務員は一般職と特別職に分類されます。特別職は地公法第 3 条第 3 項に列挙された職をいい、一般職は特別職以外の職をさします。

　特別職に分類された職には、法律の定めがある場合を除き、地公法が適用されず、労務管理上多くの違いが生じます。例えば、特別職には職務上の命令に従う義務（指揮命令関係）、職務専念義務（もっぱら地方公務員として職務に従事すること）、守秘義務（職務上知りえた秘密を

洩らさない義務）など、一般職に課される義務が課されません。

　これらの職員の任命手続きや労務管理なども人事担当者の仕事となります。その種類や任用方法についても、種類を把握しておきましょう。

| 【政治職】<br>就任について公選又は地方公共団体の議会の選挙、議決若しくは同意によることを必要とする職 | ・地方公共団体の長、議会の議員<br>・選挙管理委員会の委員<br>・副知事、副市長、監査委員、人事委員会・公平委員会の委員、教育委員会の教育長、委員　　など |
|---|---|
| 【自由任用職】<br>成績主義によることなく、任命権者の人的関係や政治的配慮に基づき任用する職 | ・地方公営企業の管理者、企業団の企業長<br>・長・議長その他地方公共団体の長の秘書の職で条例で指定する者<br>・特定地方行政法人の役員 |
| 【非専務職】<br>一定の知識や経験、技能などに基づき、随時地方公共団体の業務に参画する職 | ・委員会、審議会の委員<br>・臨時又は非常勤の顧問・参与・調査員・嘱託員等<br>・非常勤の消防団員、水防団員 |

## （2）常勤職員と非常勤職員

　自治体の運営は、能率性や行政サービスの質の担保の観点から、任期の定めのない常勤職員を中心に行われています。一方で、厳しい財政上の制約の下、多様な行政ニーズに対応していくため、臨時・非常勤職員を始めとした様々な任用形態が活用されています。多様な任用形態の下では、それぞれの業務内容、任期、勤務時間、給与等の取扱いを把握しておく必要があります。詳しくは、第6章をご覧ください。

## ▶▶▶人事機関の役割を押さえよう

　人事機関とは、「職員の任免に関すること」「身分関係の異動にかかわること」を決定できる地位にある機関であり、任命権者と、人事委員会又は公平委員会があります。

## （1）任命権者

　任命権者とは、各執行機関に属する職員の任命、休職、免職及び懲戒等に関しての権限を持つ機関です（地公法第6条第1項）。執行機関の職員ごとの任命権者は、それぞれ独立して権限を行使します（**図表8**）。ただし、首長には各執行機関の任命権者への勧告や協議に関する規定が設けられており、自治体全体の統一性の確保が図られています。

図表8　任命権者及び対象職員

| 任命権者 | 対象者 |
|---|---|
| 都道府県知事<br>市町村長 | 副知事・副市長、会計管理者、職員、監査委員、人事委員会委員・公平委員会委員、地方公営企業管理者、教育委員会委員、農業委員会委員、消防長及び消防団長など |
| 議会の議長・選挙管理委員会・代表監査委員 | 事務局長、書記長、書記その他の職員 |
| 教育委員会 | 教育員会事務局の指導主事、事務職員、公立学校の校長、園長、教員、事務職員 |
| その他の委員会 | 事務局長、その他の事務職員 |
| 警察本部長 | 警察官（警視正以上の階級にあるものを除く。）その他の職員 |
| 消防長・消防団長 | 消防職員又は消防団員 |
| 地方公営企業管理者 | 管理者の補助職員 |

## （2）人事委員会・公平委員会

　職員に対して直接に人事権を行使する任命権者とは独立して、中立性・公平性を有する人事行政の専門機関として人事委員会と公平委員会が設けられています。

　人事委員会と公平委員会は中立的かつ専門的な人事機関として任命権者の任命権の行使をチェックする権限を有しています。具体的には、**図表9**に示した行政権限、準司法的権限、準立法的権限の3つの権限があります。なお、公平委員会における権限は人事委員会と比較し一部限定され、限定された権限は首長が行います。なお、人事委員会、公平委員会のいずれを設置すべきかについては、団体の規模に応じて異なりま

す（図表10）。

図表9　人事委員会・公平委員会の主な権限

| 権限項目 | 主な権限 | 人事委員会 | 公平委員会 |
|---|---|---|---|
| 行政権限 | 人事行政に関する調査、研究、立案 | ○ | |
| | 職員に関する条例の制定・改廃に関する意見申し出 | ○ | |
| | 人事行政・給料表・勤務条件に関する勧告 | ○ | |
| | 採用試験の実施　等 | ○ | △ |
| | 職員団体の登録等 | ○ | ○ |
| | 労働基準監督機関の職権の行使 | ○ | |
| 準司法的権限 | 労働条件に関する措置要求の審査 | ○ | ○ |
| | 不利益処分についての審査請求の審査 | ○ | ○ |
| 準立法的権限 | 委員会規則の制定 | ○ | ○ |
| | 職員の採用・勤務条件決定に係る基準 | ○ | |
| | 職員団体関係の手続に関する規則 | ○ | ○ |

図表10　団体の区部と設置すべき委員会

| 団体の区分 | 設置すべき委員会 |
|---|---|
| 都道府県及び指定都市 | 人事委員会（地公法第7条第1項） |
| 人口15万以上の市及び特別区<br>※平成29年度現在　和歌山市と特別区のみ | 人事委員会又は公平委員会のいずれかを選択（地公法第7条第2項） |
| 人口15万未満の市、町、村及び地方公共団体の場合 | 公平委員会（地公法第7条第3項） |

# 1|3 ◎…労働法の基礎を理解しよう

## ▶▶▶ 労働法の決まり方を知ろう

「労働法」とは、労働に関する法令全体の総称です。労働条件は法で定めることとした憲法第27条、労働基本権を定めた憲法第28条の規定を受け、それぞれの内容や目的に応じて定められています。

これらの労働法の制定改正を含む労働政策の決定は、数段階にわたるプロセスの上決定されます。（**図表12**）。職員の働くルールに関わりますので、日頃からニュースや厚労省のホームページなどで動向をチェックしておくとよいでしょう。

### 図表11 労働政策の決定プロセス（一例）

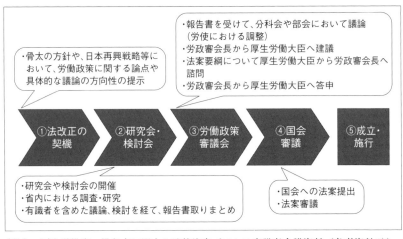

（出典：厚生労働省　働き方に関する政策決定プロセス有識者会議資料（参考資料1））

## ▶▶ 地方公務員と労働法の関係を整理しよう

　地方公務員も勤務に対し給与支給を受けて生活している点では、民間労働者と同様で、労働法の保護を受けることが前提となりますが、全体の奉仕者としての地位の特殊性、職務の公共性などを理由に、適用関係が異なる部分があります。

　ただ、適用関係が異なるとしても、それらの規定の趣旨に沿った運用を行うことは、「合理的な運用がされているか」という点では一つの指標となります。

　ここでは、主な労働法について地方公務員への適用関係をまとめましたので、参考にしてください（**図表12**）。

### 図表12　主な労働法と地方公務員への適用関係

**【労働条件の基準等に関する法律】**

| 法律名 | 概要 | 地方公務員への適用 |
|---|---|---|
| 労働基準法 | 労働条件の最低基準を定めた法律 | 原則適用 |
| 労働契約法 | 労働契約のルールを定めた法律 | 適用除外 |
| 労働安全衛生法 | 職場における労働者の安全と健康の確保」「快適な職場環境の形成促進」を目的とする法律 | 原則適用 |
| 最低賃金法 | 地域や職種に応じて賃金の最低額を定めた法律 | 適用除外 |
| パートタイム・有期雇用労働法 | 通常の労働者とパートタイム労働者、有期雇用労働者との均等・均衡待遇について定めた法律 | 適用除外 |
| 育児・介護休業法 | 育児休業と介護休業について定めた法律 | 「地方公務員の育児休業に関する法律」に適用される以外は、適用除外 |
| 男女雇用機会均等法 | 雇用における男女の均等な機会や待遇確保について定めた法律 | 原則適用 |
| 次世代育成支援対策推進法 | 次の社会を担う子供たちの健全な育成のために、地方公共団体や事業主が行うべき措置を定める法律 | 原則適用 |

【雇用確保・安定のための法律】

| 法律名 | 概要 | 地方公務員への適用 |
|---|---|---|
| 労働施策総合推進法 | 雇用に関する国の政策全般にわたる必要な施策の基本を定めた法律 | 原則適用 |
| 職業安定法 | 官民の職業紹介事業、労働者の募集等のルール等について定めた法律 | 原則適用 |
| 労働者派遣法 | 労働者派遣に関するルールを定めた法律 | 原則適用 |
| 高年齢者雇用安定法 | 定年延長や定年後の再雇用について定めた法律 | 適用除外 |
| 障害者雇用促進法 | 障害者雇用率や職業リハビリテーションの措置等について定めた法律 | 原則適用 |

【労働保険・社会保険に関する法律】

| 法律名 | 概要 | 地方公務員への適用 |
|---|---|---|
| 労働者災害補償保険法 | 労働災害を防止するための基準や職場における労働者の安全と健康確保について定めた法律 | 労基法別表第一に掲げる事業に勤務する会計年度任用職員に適用 |
| 雇用保険法 | 失業手当や教育訓練給付などの給付等を定めた法律 | 退職手当支給対象外の職員に適用 |
| 健康保険法 | 労働者とその被扶養者の病気やケガなどに関する保険給付について定めた法律 | 職員が組織する共済組合に加入しない者については適用 |
| 厚生年金保険法 | 労働者の老齢、障害又は死亡への保険給付で生活安定と福祉向上に寄与する法律 | |

【労使関係に関する法律】

| 法律名 | 概要 | 地方公務員への適用 |
|---|---|---|
| 労働組合法 | 労働組合の結成・運営、団体行動、不当労働行為の救済等を定めた法律 | 適用除外 ※企業職員等には適用 |
| 労働関係調整法 | 労働関係の公正な調整、労働争議の予防又は解決に関する事項を定めた法律 | 適用除外 ※企業職員等には適用 |
| 個別労働紛争の解決促進に関する法律 | 個々の労働者と使用者との間の自主的な紛争解決手段について定めた法律 | 適用除外 ※企業職員等には適用 |

## ▶▶▶ 労基法は地方公務員に原則適用される

　様々な労働法のうち、特に重要な法律として、労働基準法（以下「労基法」という。）があります。

　人事院規則が適用される国家公務員と異なり、地方公務員へは労基法が原則適用され、労基法を基に職員の勤務条件が条例・規則で定められますので、その仕組みを理解しましょう。

　また、その際には、地方公務員制度の趣旨に適合しない場合、地公法に特別の定めがある場合は適用が除外されている規定もありますので注意しましょう。例えば、労基法第2条の労使対等原則は、職員の勤務条件は、議会が制定する条例で定めることから、適用が除外されています。

　このほか、職員が従事する事業の種類や職務によっても適用関係が異なる点にも注意が必要です。例えば、一般の職員は公務の必要に応じて法定労働時間を超えて勤務をさせることが可能ですが、労基法別表第一に定められる事業に従事する職員は、民間労働者と同様に労働組合等との書面による協定が必要となります（労基法第33条第3項）。なお、職員が従事する事業が、労基法別表第一の事業に該当するかどうかは、**図表14**を参考にしてください。

　さらには、民間労働者と類似性が高い、企業職員や単純労務職員には、地方公営企業法第39条の規定で適用除外された部分を更に適用除外され、労基法のほぼ全てが適用されています。

　このように、地方公務員への労基法の適用関係は複雑ですので、**図表13**を活用しながら理解を深めていってください。

## 図表 13　労基法の概要と適用関係

| 項目 | 条文 | 一般の職員 | 労基法別表1 1～10号 13～15号 | 企業職員 単純労務職員 |
|---|---|---|---|---|
| 労働条件の原則 | 第1条 | ○ | ○ | ○ |
| 労働条件の対等決定 | 第2条 | × | × | ○ |
| 総則・労働契約 | 第3～第14条第1項 | ○ | ○ | ○ |
| 有期契約労働者の雇止めの基準 | 第14条第2項・第3項 | × | × | × |
| 労働条件の明示、解雇、退職 | 第15～第23条 | ○ | ○ | ○ |
| 賃金支払い3原則 | 第24条第1項 | × | × | ○ |
| 賃金、労働時間 | 第24条第2項～第32条 | ○ | ○ | ○ |
| 1か月単位の変形労働時間制 | 第32条の2 | △※1 | △※1 | ○ |
| フレックスタイム | 第32条の3 | × | × | ○ |
| 1年単位の変形労働時間制 | 第32条の4～第32条の4の2 | ×　教職員適用 | × | ○ |
| 1週単位の非定型的変形労働時間制 | 第32条の5 | × | × | ○ |
| 災害等による時間外労働 | 第33条第1項・第2項 | ○ | ○ | ○ |
| 公務のための臨時の必要がある場合の時間外労働 | 第33条第3項 | ○※2 | × | ○※2 |
| 休憩 | 第34条 | △※1 | △※1 | ○ |
| 休日、時間外及び休日労働、事業場外労働 | 第35条～第38条の2第1項　※第37条第3項除く | ○ | ○ | ○ |
| 時間外勤務代替休暇 | 第37条第3項 | △※1 | △※1 | ○ |
| 事業場外労働の定め、裁量労働制 | 第38条の2第2項～第38条の4 | × | × | ○ |
| 年次有給休暇 | 第39条第1項～5項・9項・10項 | ○ | ○ | ○ |
| 時間単位の年次休暇 | 第39条第4項 | △※1 | △※1 | ○ |
| 年休時期指定の定め | 第39条第6項～第8項 | × | × | ○ |

| 労働時間、休憩時間の特例、適用除外 | 第40条、第41条 | ○ | ○ | ○ |
|---|---|---|---|---|
| 高度プロフェッショナル | 第41条の2 | × | × | ○ |
| 年少者、妊産婦等、技能者養成、等 | 第56条～第74条 | ○ | ○ | ○ |
| 災害補償 | 第75条～第88条 | △※3 | △※3 | △※3 |
| 就業規則 | 第89条～第93条 | × | × | ○ |
| 寄宿舎、監督機関 | 第94条～第101条 | ○ | ○ | ○ |
| 司法警察権 | 第102条 | 人事委員会任命権者 | 労働基準監督署 | 労働基準監督署 |
| 雑則、罰則等 | 第105条の2～第121条 | ○ | ○ | ○ |

(出典：労働調査会「労働基準法解釈総覧改訂15版」を基に著者作成)

※1　使用者は、労働組合又は労働者の過半数を代表する者との協定によることなく、条例等の定めにより、1か月単位の変形労働時間制、一斉休憩の除外、時間外勤務代替休暇、時間単位年休を定めることができるよう、読み替えが行われている。

※2　労基法別表第1に掲げる事業は、同条文は適用除外であることから、法定労働時間を超えて、または休日に労働させる場合には、別途労基法第36条第1項に定める労働組合等との書面による協定が必要となる。(労基法第33条第3項)

※3　常時勤務に服することを要しない職員(地公災法第2条第1項に規定する者以外の者)には、適用される。


## ▶▶▶ 人事担当者の労働法との付き合い方

　ここまでの説明のとおり、労働法は種類が多く、地方公務員への適用関係はとても複雑です。労働法は、近年の働き方改革の流れから、法改正が多い分野でもあります。

　また、職員の勤務条件は、地公法に定める「均衡の原則」により、国への準拠も求められます。国の勤務条件を定めた人事院規則と民間労働法制には、公務の特殊性から一部仕組みが異なる部分もあります。

　覚えることが多く大変だと思いますが、それらの趣旨を理解し正確に運用していくことは公正な人事行政の基礎となるものです。日頃から、「条例規則に加えて労働法・人事院規則を確認する」「人事院や厚労省のホームページ、総務省からの技術的助言を確認する」「人事給与制度関連のニュースなどアンテナを高くする」など、知識を深めていきましょう。

図表14　労働基準法別表の号別区分と労働基準監督機関

| 各号 | 事業内容 | 事業所例 | 労働基準監督機関 |
|---|---|---|---|
| 一 | 製造業 | 電気・ガス・水道の各事業場、自動車整備工場、学校調理場 | 労働基準監督署 |
| 二 | 鉱業 | 砂利採取事業所 | |
| 三 | 土木・建築 | 土木事務所、空港建設事務、公園管理事務所 | |
| 四 | 交通 | 交通事業 | |
| 五 | 港湾 | 港湾管理事務所 | |
| 六 | 農林 | 林業事務所、農業センター、植物園 | |
| 七 | 牧畜・水産 | 畜産センター、水族館 | |
| 八 | 商業 | 駐車場、市場、物産館、野球場 | |
| 九 | 金融・広告 | 公益質屋、観光案内所 | |
| 十 | 映画・演劇 | 公営競技事務所 | |
| 十一 | 通信 | 水産事務所無線局 | 首長 |
| 十二 | 教育、研究 | 幼稚園、学校、図書館、公民館、博物館、体育館など | |
| 十三 | 保健・衛生 | 病院、保健所、保健センター、保育所、知的障がい者施設 | 労働基準監督署 |
| 十四 | 娯楽・接客 | 国民宿舎、ユースホステル | |
| 十五 | 清掃・と畜 | 清掃事業所、火葬所、終末処理場 | |
| 他 | 官公署の事業 | 本庁、支所、出張所、行政委員会等 | 首長 |

（出典：学陽書房　小川友次・澤田千秋『地方公務員の新勤務時間・休日・休暇第3次改訂版』40頁から引用加筆）

※　上記の号別区分は一例であり、決定は人事委員会と都道府県労働局との協議による。

# 1|4 ◎…「働く人の理解」を深めよう

## ▶▶▶ 人事担当者には「働く人の理解」が必要

　人間は、感情をもった生きた存在であり、それぞれ持つ能力や意欲は異なります。また、自ら持つ能力や意欲を、どこまで組織で発揮するかは、最終的には本人が選択するものです。

　今後、読者の皆さんが人事担当者としてのキャリアを築く中では、人材確保、人事異動、職場環境整備、人材教育などの「職員の一生」に関わる仕事にたずさわります。そして、これらの仕事は、「職員の意欲向上、成長」と「組織活動への活用」につながっていくものです。このため、人事担当者としての役割を果たす上で「働く人の理解」を深めることは、不可欠な要素といえるのです。

　そこで、人事担当者としてスタートを切る皆さんに、職員の意欲向上・成長の観点から「ワークモチベーション」について、また職員の組織への活用の観点から「リーダーシップ」について、それぞれ基本的な理論をご紹介します。

## ▶▶▶ ワークモチベーション　〜「やる気」について学ぼう〜

　人の「やる気」を表すモチベーションという言葉があります。特に、仕事場面に限定した「ワークモチベーション」という概念は、「個人をある職務行動や仕事に駆り立て、方向づけ、継続させるように仕向ける力」と定義されます。

　まずは、人事担当者としてやる気の源泉を理解するために、ワークモチベーションに関する理論のうち「人は何によって働くよう動機付けら

れるのか」（内容理論）と、「人はどのように動機づけられるのか」（過程理論）を理解していきましょう。

## ▶▶▶ 人は何によって動機づけられるのか

### （1）働く人は職場の人間関係により動機づけられる

　自治体に限らず職場においては、各職員が、仕事に関する共通の目標・経験・価値規範のもと、職位や役割を与えられ、職員間で相互に協力して、仕事を進めています。この職場のメンバーは、年齢、性別、生まれ育ってきた背景、能力も多様なメンバー同士がチームとなっており、能率的な職務の遂行には職場の人間関係が鍵となります。

　人事の仕事では、職員個人の能力や意欲に目がいきがちですが、「職員同士の関係性」にも注目し、働きかけていく視点が大切です。

### （2）やる気のポイントは人それぞれ

　一般的に、人の欲求には段階があると考えられています。例えば、新規採用職員、中堅職員、管理職とでは、モチベーションが向上するポイントは異なります。また、近年、職員の価値観は多様化しており、給与、休暇、地位など、働く上で重要視する点は人それぞれです。

　このため、職員の意欲の向上等を考えるに当たっては、職員それぞれの立場などを踏まえ、満たすべき欲求を見極めることも大切です。

### （3）やる気を左右する要因は2種類ある

　人のモチベーションを左右する要因は、大きく分けて「動機づけ要因」（達成、承認、仕事そのもの、責任、昇進など）と「衛生要因」（会社施策、給与、監督、対人関係、作業条件）の2種類に分かれます（動機付け・衛生理論）。これは、アメリカの臨床心理学者フレデリック・ハーズバーグによって提唱された理論です（出典：*The Motivation to Work*" Routledge 1959 年）。

　内面の興味や意欲を刺激する「動機付け要因」は、組織で働く満足感を高める点で、有効な手段です。

　一方、衛生要因は、欲求を満たすためには必要ですが、必要以上に充実させてもモチベーション向上にはつながらないとされます。

「やりがいを高めるために給与を上げれば良い」といった声を聞きますが、職員の給与の源資は税金であり、その満足度を高めるには限界があります。それよりも、仕事そのものの意義を共有する達成感を味わえる目標とする、達成したことを称賛するなどの取組みが、職員のやる気を高める点ではより効果的であることをこの理論は示唆しています。

## ▶▶▶ 人はどのように動機づけられるのか

次に、人がどのように動機づけられるかについては、3つのポイントを紹介します。

### （1）努力による成果が魅力に結び付くこと（期待理論）

モチベーションの高さは、ある報酬に対して感じる魅力と、その報酬を得る可能性とによって決まります。

目の前の仕事が組織にとってどう役立つのか、担当者としてどのようなメリットや報酬が得られるかを具体的に示していく取組みが大切になります。

### （2）他者と比較して不公平感がでないこと（公平理論）

自己の得た報酬と貢献について、他者の報酬と貢献と比較することで、満足・不満足を判断しているとする理論で、アダムスによって提唱されました。

組織への「貢献」とは「努力・経験・スキル・知識」など、職員が仕事に投入されたもののすべてを指し、組織からの「報酬」とは「昇任、昇給、配置ポスト、評価、表彰」などが挙げられます。このことから、例えば表彰などにおいては、対象となる職員への影響だけでなく、対象とならなかった職員への影響も考慮することが求められます。

### （3）自ら目標を定めること（目標設定理論）

自己肯定感が高まる目標設定は、「目標の困難さ」「目標の明瞭さ」を備えた目標を、自ら定めたものだと説明されています。これは、ロックとラザムが提唱した「目標設定理論」で、目標設定が、自己効力感を高めることにどうつなげていくかという観点から、整理されています。

目標は、「難しすぎず、簡単すぎない、なんとか達成できる」ような

困難度が、努力を継続させ、伴って業績を生み出しやすいとされています。「達成できるかどうか」「自身の進捗や成果を実感できるよう、数値や期間などで具体的に示されているか」など、「目標の明瞭さ」も必要です。

　この理論は、人事評価における目標管理制度で活用されているほか、日々の業務遂行の際に参考となるでしょう。

## ▶▶▶ リーダーシップ　〜どのようなリーダーが望ましいか〜

　次に、チームで働く上で不可欠なリーダーシップについて紹介します。

　リーダーシップの定義は多岐にわたりますが、一般的に「組織のリーダーが、組織の使命・目標を達成するために、組織の構成員に働きかける影響のプロセス」とされます。

　自治体の職場では、各職員が、仕事に関する共通の目標・経験・価値規範のもと、職位や役割を与えられ、職員間での相互に協力して、仕事を進めていきます。

　そして、集団で仕事を進めていくには、組織を牽引し、職員内の利害や意思を調整する存在である、リーダーが必要です。

　このリーダーシップの概念とは別に「マネジメント」という概念があります。リーダーシップとマネジメントは、どちらも組織の成果を上げさせるという意味で目指す方向は同じですが、異なる能力を指しています。リーダーシップは組織の目標達成のためにメンバーを導いていく能力であるのに対し、マネジメントは成果を上げさせるための手法を考え、組織を管理する能力であり主に管理職が対象となります。

　ここでは、組織で働く全ての職員に必要となるリーダーシップ論を2つご紹介します。

### （1）人への関心と業績との関心がいずれも高くあること

　有名な理論として、アメリカの経営学者のブレークとムートンが提唱した、「マネジリアル・グリッド」があります。あるべきリーダー像になるには、職員一人一人がどう行動していくかを理解し実践していくことに役立ちます。この理論では、人と業績との両方に高い関心を払うリー

ダーこそが理想的とされています。

図表15　マネジリアル・グリッドによるリーダーシップスタイル

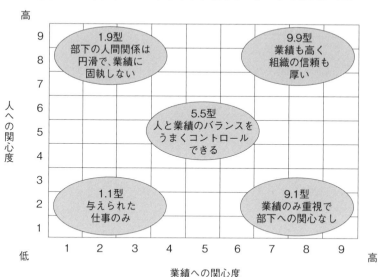

（出典：松山一紀（2009）『組織行動とキャリアの心理学入門』大学教育出版）

### （2）部下後輩の成熟度によって関わりを変えること

　ハーシーとブランチャードが提唱したリーダーシップ論で、チーム内の多様な人材に対して、一律に指導するのではなく、成熟度や状況に合わせてリーダーがとるべき行動を示しています。

　次頁の**図表16**のとおり、部下や後輩が成熟するにしたがって、関わる量を調節し、指示的行動を減らしていくべきであることが示されています。

## ▶▶▶リーダーシップ論を仕事に活かす

　リーダーシップというと、経営者や管理職に必要な力と捉えられがちですが、共通の目的・目標を達成するために職員一人ひとりに必要な力です。人事担当者として、職員一人ひとりがどのようなリーダーシップ

**図表 16　状況的リーダーシップ理論**

| 部下の成熟度 | | | |
|---|---|---|---|
| 成熟 | 少し成熟 | 少し未熟 | 未熟 |

（出典：松山一紀（2009）『組織行動とキャリアの心理学入門』大学教育出版 を基に著者作成）

行動ができる者かどうかを見極めることで、適切な人材配置のあり方も見えてきます。

　近年問題となっている、パワー・ハラスメントの問題についても、リーダーの行動が、業績の向上だけに偏っていたり、職員への関心がない状態であったり、メンバー個々のスキルや経験に見合った関わり方をしていなかったりするケースもあります。その際には、リーダーシップ論の基礎的な理解が問題解決に役立つケースもあります。

　人事の仕事の目的は、職員の意欲を高め、成長につなげ、変化の激しい時代に対応できる組織として、質の高い行政サービスを実現していくことです。それを担う人事担当者として、是非、「働く人の理解」を深めていただきたいと思います。

## COLUMN · I

# データ分析に活用できる統計資料

　本文10頁で人事担当者に必要な能力に課題解決能力を挙げました。
　課題解決に当たっては「あるべき姿」と「現状」のギャップを把握
し、明らかにすることが求められますが、ここではその分析するのに
活用可能な統計資料をご紹介します。

　ここに掲載したもののほかにも、厚生労働省所管の独立行政法人労
働政策研究・研修機構が公開している、主要労働統計指標の最新版や
労働統計の公表日が掲載された「統計データ」、一覧労働統計全般解説・
用語解説が掲載された「労働統計の道案内」も便利です。

【国家公務員関係】（いずれも人事院作成）

| 内容 | 調査名 |
|---|---|
| 国家公務員　職員数<br>・年齢区分別在職状況<br>・俸給表別、試験別在職状況<br>・採用及び離職等の状況<br>・年齢別辞職状況 | 一般職の国家公務員の任用状況調査 |
| 国家公務員の定年退職後における再任用制度の状況 | 退職公務員生活状況調査 |
| 国家公務員の職員の給与、諸手当等に関する事項 | 国家公務員給与等実態調査 |

【地方公務員関係】（いずれも総務省作成）

| 内容 | 調査名 |
|---|---|
| 職員数（部門別、団体区分別） | 地方公共団体定員管理調査結果 |
| 退職者数（団体別） | 地方公務員退職状況等調査 |
| 再任用者数（団体別、年齢別） | 地方公務員の再任用実施状況等調査 |
| 平均給与額（団体別等） | 地方公務員給与実態調査結果 |
| 勤務時間、休暇<br>試験の実施状況 | 地方公共団体の勤務条件等に関する調査 |
| 互助会等に対する公費支出額等 | 地方公共団体における福利厚生事業の状況概要 |

【民間企業関係】

| 区分 | チェックすること | 該当する統計調査 |
|---|---|---|
| 賃金水準に関すること | 年齢階級、学歴別、産業別 | 厚生労働省「賃金構造基本統計調査」 |
| | モデル賃金モデル退職金 | 中央労働委員会「賃金事情等総合調査」 |
| | 民間従業員の４月分給与に関すること | 人事院「職種別民間給与実態調査」 |
| | 調査の前年における役名別年間報酬総額（賞与等を含む）等 | 人事院「民間企業における役員報酬（給与）調査」 |
| | ・退職給付制度の有無等<br>・職種従業員退職給付額等 | 人事院「民間企業退職給付調査」 |
| 人事制度に関すること | ・賃金形態<br>・諸手当<br>・定年制 | 厚生労働省「就労条件総合調査」 |
| 賃上げに関すること | 賃金の改定額 | 厚生労働省「賃金引上げ等の実態に関する調査」 |
| | 定期昇給、ベースアップの実施状況 | 経済産業省「企業の賃上げ動向に関するフォローアップ調査」 |
| 賞与に関すること | 賞与の支給額 | 厚生労働省「民間主要企業夏季（年末）一時金妥結状況 |
| | 賞与支給額、考課幅 | 日本経団連「夏季・冬季賞与一時金調査結果」 |
| 労働時間、休暇に関すること | 所定労働時間、年間休日等 | 厚生労働省「就労条件総合調査」 |
| | 月間労働時間 | 厚生労働省「毎月勤労統計調査」 |
| | 民間企業における労働時間、休業・休暇制度等 | 人事院民間企業の勤務条件制度等調査 |
| 労働市場に関すること | 完全失業率 | 総務省「労働両調査」 |
| | 有効求人倍率 | 厚生労働省「職業安定業務統計」 |

# 第 2 章

# 採用・退職に関わる仕事

**本**章では、「採用」と「退職」について、採用計画から実際の採用までの手続き・法律上のルールのほか、採用手法、選考・人材定着のポイントを取り上げます。

# 2│1 ◎…採用者数はどのように決まるの？

## ▶▶ 採用者数は採用計画で決まる

　自治体では、主に、新たな行政ニーズに対応すること、職員の退職に伴う欠員を補充することを目的として、職員の採用を行います。

　具体的なプロセスとしては、採用計画と採用活動という2つの段階に分かれ、自治体ごとに多少スケジュールが異なるものの、大まかには以下の流れとなります。

図表17　採用のプロセス

採用活動（5月〜3月）

| 採用計画策定<br>（3月〜4月） | 募集活動<br>（5月〜6月） | 採用選考<br>（7月〜9月） | 内定者決定<br>（10月〜） |
|---|---|---|---|

　採用計画とは、どの部署に、いつ、何人、どのような人を、どのような方法で採用するかなどの目標を設計した「採用活動の指標となる計画」です。自治体における採用計画は職員定数を基本として、職員の退職や年齢構成などの人員変化の予測などの「ヒトの数の変化」、行政需要の増減・事業の進捗・法律等の制度改正・既存事業の整理改廃などの「仕事の量や質の変化」を踏まえ、翌年度4月1日に必要な職員数を基に策定されます。なお、一部法令上必置となる職に欠員が生じ内部で補充が困難な場合などは、欠員が生じる都度、採用計画を立て、年度途中に採用活動を行う場合もあります。

## ▶▶職員定数とは職員数の上限である

　職員定数とは、自治体における職員数の上限であり、警察等の一部の職を除いて、条例で定められます（自治法172、地公法12、地教行法21, 31、41、消組法11Ⅱ、警察法57Ⅱ）。これは、住民負担の増加を抑制しつつ、最少の職員数で最大の効果を挙げることを目的に、長期間にわたる支出を伴う人件費の大枠について、議会からの承認を得る必要があるからです。

　この職員定数にカウントされるかは、その職が「常勤勤務を要する職かどうか」で判断されます。どの任用形態が該当するかは、総務省より示された職の整理の表によって確認してください（**図表18**）。

図表18　「職」の整理

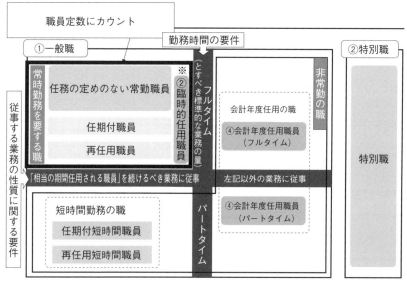

（出典：総務省自治行政部公務員部『会計年度任用職員制度の導入等に向けた事務処理マニュアル第2版』9ページ、一部著者加筆）
※緊急の場合、採用候補者名簿等がない場合の任用に限る。

　なお、自治体の定数規模が適正であるかは、通常、「類似団体別職員数」との比較により、確認することができます。この手法は、人口と産業構

造から類似するグループの市区町村との間で、人口１万人当たりの職員数の平均値を比較するものです。同規模団体との比較で、わかりやすいとされる一方で、「自治体の地域事情が反映されていない」との指摘もされています。

## ▶▶ 採用計画を考える３つのポイント

採用計画を考えるうえでのポイントは、大きく３つあります。

一つめは、部門別の特色を押さえるという点です。

部門によって、法令上配置人数や必要となる資格職が決まっていたり、需要の増減などの影響を受けたりします。総務省から毎年公表される「地方公共団体定員管理調査結果」を確認しておきましょう（図表19）。

図表19　部門別の特色と増減状況

| 部門 | 部門の特徴 | 増減 |
|---|---|---|
| 一般行政（議会、総務・企画、税務、労働、農林水産、商工、土木） | ・自治体が主体的に職員配置を決める余地が比較的大きい部門 | ・国土強靱化に向けた防災・減災対策、地方創生、子育て支援への対応などにより増加 |
| 福祉関係（民生、衛生） | ・国の法令等による職員の配置基準が定められている場合が多い<br>・職員配置が直接住民サービスに影響を及ぼす部門 | ・保育所等福祉施設の民間移譲・民間委託等による減<br>・子育て支援、生活保護関連業務に係る体制充実による増加 |
| 教育部門、警察部門、消防部門 | ・国の法令等に基づく配置基準等により、自治体が主体的に職員配置の見直しを行うことが困難な部門 | ・教育部門は、特別支援学校・学級の体制強化に伴う増加等<br>・消防力の充実・強化に伴い増加 |
| 公営企業等会計部門（病院、水道、交通、下水道、その他） | ・独立採算を基調として、企業経営の観点から定員管理が行われている部門 | ・病院の再編整備、診療機能の充実などにより、医療従事者が増加 |

（出典：総務省「令和２年地方公共団体定員管理調査結果の概要」）

二つめは、育成に必要な期間を見込むということです。

　特に、技術職や資格を有する職種は、専門的知識が必要で技術継承に相当の期間を要します。このため、退職状況により当面、採用の必要がなかったとしても、継続的な採用により人材を計画的に育成できるようにしていくことが求められます。

　三つめは、組織の将来的な年齢別人員構成を踏まえることです。

　自治体の採用は、国からの定員合理化や組織機構改革をはじめとする行政の簡素化・合理化の指導を受け、平成6年（職員数ピーク）以降、新規採用者の抑制による定員削減を行ってきました（**図表20**）。

**図表20　自治体における採用者数と退職者数の推移**

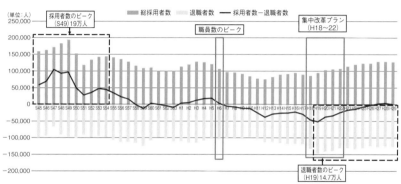

（出典：総務省自治行政局公務員部「地方公共団体における定員管理について」）

　この結果、多くの自治体では30代から40代のミドル層が極端に不足する「ミドル空洞・高齢化型」の人員構成になっています。しかし組織の活力を高めるには、「若手・ミドル活用型」（**図表21**）の人員構成が求められます。そのため採用計画には「年齢別」の視点も必要なのです。

　人事担当者にとっては、年度ごとの短期的な視点に過度にとらわれることなく、自組織の人員構成の現状から将来に向けて、組織が理想的な姿になるための戦略を考える姿勢が大切です。

**図表 21　年齢別人員数**

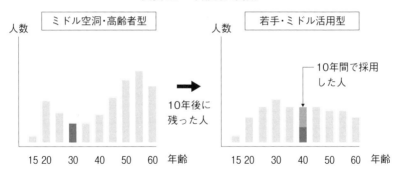

（出典：2019 年 12 月 04 日付　大和総研レポート　末本一茂「退職データの戦略的活用～将来シミュレーションで企業の美しいプロポーションを構築せよ」一部著者修正）

# 2／2 ◎…採用試験にはどのような種類があるの？

## ▶▶ 採用試験の種類は職種別・年代別に分かれる

　地公法第15条では、受験成績、人事評価その他の能力の実証に基づいて行う能力実証主義が掲げられており、自治体では競争試験を実施し、採用者を決定しています。試験は、一般に職種ごとに区分し、実施されます。

図表22　自治体での主な職種

| 職種 | 職務内容 |
|---|---|
| 事務職 | 一般行政に係る事務 |
| 土木職 | 道路、河川、都市計画等の各事業の計画、工事設計、監督、保全等 |
| 建築職 | 都市計画、公共建築物の計画、工事設計、監督、保全等 |
| その他技術職<br>（電気、機械、造園、林業等） | 設備工事の設計、施工管理、施設の維持管理 |
| 保健師 | 保健所、保健センター等における保健指導 |
| 看護師 | 医療施設、学校等における看護業務 |
| 保育士 | 児童福祉施設での保育業務 |
| その他資格職（医師、薬剤師、作業療法士、歯科衛生士、栄養士） | 医療施設での医療技術行為、保健行政の遂行 |
| 福祉職（児童福祉司、精神保健福祉士、社会福祉士、介護士） | 社会福祉行政、社会福祉施設や保健衛生施設での業務 |
| 技能労務職 | 守衛、運転手、現場作業員 |
| 教員・幼稚園教諭 | 学校、幼稚園での教育 |

（出典：総務省「地方公務員再任用退職実態調査」を基に著者作成）

通常、自治体の年齢構成の平準化を図ることや、採用後のキャリア形成の必要性から、受験資格には年齢要件が設けられ、受験できる上限を概ね20代後半から30代前半とすることが一般的です。なお専門資格職については、一般行政職より年齢上限が高めとなる傾向があります。

また、近年、中途採用について就職氷河期世代支援の趣旨を踏まえ、受験資格の上限年齢を引き上げたり、経歴不問の試験も実施されています。これに加えて、30代から40代の職員が不足している自治体では、民間企業に勤務する等の経験を受験要件に加えたり、専門試験の代わりに民間の適性試験を活用したりするなど、受験しやすくなるように試験方式を変更する自治体も増えています。

## ▶▶ 任期付職員制度には様々な種類がある

地方分権の進展に伴い、地方行政の高度化・専門化が進む中で、自治体内での経験では得られにくい高度の専門性を備えた民間人材を活用できるようにするため、平成14年に「地方公共団体の一般職の任期付職員の採用に関する法律」が定められました。その後、平成16年の改正では、一定の期間内に終了、増加が見込まれる、住民サービス充実のために活用できる区分が追加されています。この任期付職員制度には、「本格的業務に従事可能」「複数年（3年～5年以内）の任期の設定が可能」「フルタイム、パートタイムのいずれも可能」「給料、手当の支給が可能」などの特徴があります。

特に、第3条における専門的知識を有する者の採用については、医療やIT関係などの高度な専門性を有する職や、まちづくりや広報関係などの民間の知識・経験を有効に活用できる職への任用が進んでおり、平成26年度現在で約1万人が活躍しています。

このほか、本格的業務に従事可能な任期付の職として、「地方公務員の育児休業等に関する法律」第6条（育児休業に伴う任期付採用）及び第18条（育児短時間勤務に伴う短時間勤務職員の任用）に基づく任用も行われています。

図表23　任期付職員の種類

| 区分〈地方公共団体の一般職の任期付職員の採用に関する法律〉 | 業務内容 | 任期・選考 |
|---|---|---|
| 任期付職員（専門的知識等）〈3条〉 | 以下の者を、期間を限って業務に従事させることが必要な場合<br>特定任期付：高度の専門的知識経験等を有する者<br>一般任期付：専門的な知識経験を有する者 | 5年<br>選考 |
| 任期付職員（時限的な職）〈4条〉 | 一定の期間内に終了、増加することが見込まれる業務に従事 | 3年<br>（特に必要な場合は5年まで延長）<br>試験又は選考 |
| 任期付短時間勤務職員〈5条〉 | 住民に対するサービスの提供時間延長、繁忙時における提供体制の充実等<br>部分休業職員の業務の代替 | |

（出典：総務省　地方公務員の短時間勤務の在り方に関する研究会（第1回）資料を基に著者作成）

## ▶▶▶ 多様化する採用のカタチ

　これまで、新たに大学を卒業する者を対象に選考し、翌年度4月に一括して採用する形が一般的でした。しかし、働き方の多様化や新たな行政ニーズを踏まえ、近年は、採用の形が変化してきています。

　採用日の柔軟な設定に関しては、兵庫県神戸市では年間を通じて採用試験の応募が可能な「通年募集枠」を設け、留学・部活動で一般的な就職活動が難しい学生や第二新卒の取込みを図っています。また、広島県では過去に広島県の機関で一定期間の勤務経験を有し、育児・介護などのやむを得ない事情により退職せざるを得なかった人を、再度職員として採用する、「広島県の機関で勤務経験を有する者枠」を設けています。退職しても変わらず縁をつないでおく仕組みとして意義があるものといえます。

　民間企業を辞めずに一旦休職して任期付職員として働く形もあります。東日本大震災の復興事業への民間人材活用や、新型コロナ禍の影響を受けた企業の社員の自治体での一時受入れにも活用されています。

# 2 | 3  ◎…これだけは押さえよう！
## 職員募集の ポイント

### ▶▶ 募集から合格発表までの実務の流れ

　職員の採用試験の募集から採用までの実務の流れは、概ね以下のとおりです。

図表24　採用試験の募集から採用までの実務

| 事前準備 | ○採用試験実施内容の決定<br>・受験資格・日程の設定・募集手法の選定<br>・試験会場の選定、確保（テストセンター方式など）<br>○試験問題の作成（外部委託の場合、契約手続き）<br>○第2次試験以降の面接官の選定、依頼<br>・他所属の職員への依頼<br>・面接官を外部に委託する場合は契約手続き |
|---|---|
| 職員採用試験発表 | ○公共施設に配布<br>○ホームページ、広報へ掲載<br>○民間求人への掲載 |
| 応募受付 | ○受験資格の有無確認<br>○受験票の作成、発送 |
| 第1次試験 | ○試験の実施　教養試験、適性検査、専門試験<br>○合否決定、面接日程決定、結果通知 |
| 第2次試験 | ○面接試験、集団討論等の実施<br>○合否決定、面接日程決定、結果通知 |
| 第3次試験 | ○面接試験の実施<br>○合否決定、結果通知 |

## ▶▶ 職員募集に関するルールを知っておこう

### （1）応募要件は平等にする（平等取扱いの原則）

　採用に当たっては、すべての国民を平等に取り扱われなければなりません。例えば、応募要件に居住要件を付すことや、男女で異なる取扱いをすることはできません。なお、外国人の場合には、権利義務を課すなどの公権力の行使に当たる行為、重要な施策に関する決定参画する「公権力行使職員」への任用はできません。

### （2）試験は厳格に行う（公平、秘密保持）

　採用方法は、原則、競争試験で行われます。（地公法第17条の2第1項ただし書、第17条の2第2項）。競争試験は不特定多数の者の中から適格者を選抜する方法であり、応募は広く公平に公開されるものです。このため、採用試験を実施する職員は、受験に不当な影響を与える目的をもって特別若しくは秘密の情報を応募者等に提供することなどは、禁止されています（地公法第18条の3）。

### （3）勤務条件はしっかり明示する

　職業安定法では、事業主が労働者を募集する際には、業務内容、給与、勤務時間その他の勤務条件を明示することを求めています（職業安定法第5条の3第1項）。この規定は、地方公務員の募集手続きには適用されませんが、適切な募集・採用活動のため、趣旨に沿った対応が求められます。

### （4）選考は公正に行う

　厚生労働省では、応募者の公正な就職選考を実施するよう「公正な採用選考の基本」で採用選考の基本的な考え方を示しています。法的な拘束力はありませんが、求職者等への対応が適切であるか判断基準であることから、その趣旨を理解しておきましょう。

### （5）学卒者の雇用に関するルールを守る

　青少年の雇用の促進等に関する法律では、学卒者を募集する際の指針が定められています。過去に企業の募集活動で問題となった事由を踏まえて、令和3年4月から①応募者の個人情報の保護、②公平・公正な就職機会の提供、③内定辞退の勧奨の禁止が加わっています。

# 2 | 4 ◎…これだけは押さえよう！
# 選考のポイント

## ▶▶ 採用選考前に確認しておく３つのこと

　採用選考の過程では、適性検査や筆記試験で面接対象者を選定したうえで、応募書類・面接を通じて、応募者の人物イメージを固め、自分たちの自治体の職場に必要となる人材かどうかを判断していくことになります。

　組織に必要となる人材かどうかは、自分たちの組織の未来に関わる重要な判断ですので、次に挙げる内容を確認しながら判断していきましょう。

### （1）人材育成基本方針を確認する

　各自治体では、人材育成基本方針により求められる人材像が定められていることから、必ず目を通しておきましょう。また、長期的に自治体職員に求められる役割・職員像と能力も知っておきましょう（**図表25**）。

### （2）社会人として必要な能力を理解しておく

　自治体に限らず「コミュニケーション能力」「主体性」「チャレンジ精神」などは、多くの職場においても同様に重視されています。このほか、職場や地域社会で多様な人々と仕事をしていくために必要な基礎的な力である、「社会人基礎力」についても理解しておきましょう（**図表26**）。

### （3）「最低限必要な能力・資質」ははっきりさせておこう

　採用選考の過程では、応募者それぞれの良いところが見えて、差が付けづらい状況になることも多いです。そのような場合の判断基準として、組織として「最低限必要な能力・資質」をはっきりさせておきましょう。例えば、人事異動がある自治体職員には「変化への対応力」は必須とな

るでしょう。また、住民への奉仕や貢献する「価値観」を有しているかについても、全体の奉仕者とし必ず備えておくべき資質です。

図表25　これらからの地方公務員に求められる役割と能力

| 役割・職員像 | 求められる能力 |
|---|---|
| ・地域運営のコーディネーター<br>・多様な主体と連携・協働し地域の課題解決に取組む職員 | ・ファシリテーション能力<br>（市民協働、観光・シティプロモーション、地域再生、農林水産振興、企業誘致 など） |
| ・住民に寄り添った支援を行う役割<br>・住民に応じて寄り添った支援を行う職員（自らの判断で考え・行動し、各種行政サービスの直接提供を行う） | ・住民視点で行動する力、コミュニケーション能力<br>（課税・徴収、ケースワーカー、子育て・障がい者支援、住民窓口事務 など） |
| ・デジタルを活用して行政サービスの利便性を向上させる役割<br>・デジタルの力を活用して業務の見直しを進める職員 | ・技術革新の活用能力、統計データの活用力（AI、RPA等を活用した業務効率化、業務改善力） |

（出典：総務省「人材育成報告書」を基に著者作成）

図表26　社会人基礎力

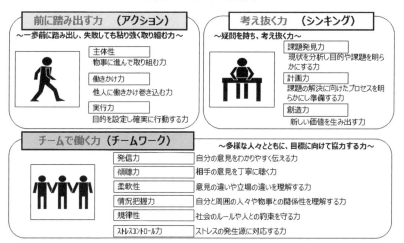

（出典：経済産業省「人生100年時代の社会基礎力」説明資料）

## ▶▶▶ 面接の手法ごとの進め方と着眼点

　自治体での採用面接では、個別面接、集団討論、プレゼンテーション面接が活用されています。各手法ごとに、進め方と着眼点が異なります。募集する職の内容に沿って、相互に組み合わせて用いましょう。

図表27　面接手法ごとの進め方と着眼点

| 項目 | 進め方 | 着眼点 |
|---|---|---|
| 個人面接 | 受験者1名に対して1名から複数の面接官が面接を行う | ・応募者の志望動機<br>・仕事に対する考え方<br>・個別事情の把握 |
| 集団討論 | 受験者を数人グループに分け、指定したテーマの討議を行う | ・集団の中でどのような役割を果たせるか<br>・異なる意見への対処 |
| プレゼンテーション面接 | テーマに対して決められた時間内で発表を行う | ・説明能力や資料作成能力があるか<br>・質問に対する柔軟な応対ができるか |

## ▶▶▶ 個人面接時の3つの着眼点

　個人面接時の着眼点としては、次の3点があります。

### （1）キャリア選択の6ステップで志望動機を推し測る

　「なぜ、自治体職員になりたいのか。自分の自治体を選択してきたのか」を、職業選択のプロセスに沿って確認します。

　一般に人は職業選択の際、6つのプロセス（図表28）を経るとされています。そして、応募者が採用試験に申し込む段階は「方策の実行」に当たります。

　したがって面接の場では、応募者が、「方策の実行」に至るまでの場面で経てきた「自己理解」「仕事理解」「意思決定」の部分に注目しながら志望動機を推し測っていくこととなります。

図表 28　職業選択の 6 ステップ

| 自己理解 | 職業・職務選択をする「自分自身」の理解<br>・仕事に関する基本的な考え方や希望<br>・職業経験　・職業能力　・個人を取り巻く諸条件 |
|---|---|
| 仕事理解 | ・職業、職務内容、キャリアパスの理解 |
| 啓発的経験 | ・職業体験してみる。・経験者へのインタビュー |
| キャリア選択に係る意思決定 | ・進むべき方向を定め、取組み内容（試験の準備）を決定する |
| 方策の実行 | 仕事、就職、進学、キャリア・ルートを選択、能力開発の方向など、意思決定したことを実行する |
| 仕事への適応 | 就いた職務等への適応を行う |

　具体的には、応募者の過去から現在にかけてのエピソードをもとに、次の点に着目し、確認してきます。

---

　①身に付けてきた能力、価値観について具体的経験に基づき説明できているか。（自己理解）
　②自治体の仕事内容を理解しているか。どのように調べてきたか。（仕事理解）
　③就職の方向性を決める際、どのような意思決定を図ってきたか。（啓発的経験、意思決定）
　④受験に当たり、どのような準備を進めてきたか。（方策の実行）

---

## （2）転機への対処で「その人らしさ」をみる

　「転機」への対処方法は、「その人らしさ」が現れるものです。

　例えば、大学や学部の選択に関して、自分の言葉で選択理由が語ることができる応募者と、そうでない応募者とでは、自律性や情報収集力などで差が出ます。また、予期しないマイナス方向への出来事の対処方法には、受験者の物事の捉え方や行動力の傾向が出やすいところです。特に集団生活の中での転機を聴くことでも、周囲の人間との関係構築力なども見えてくるでしょう。

## （3）応募者のキャリアや職種に応じた着眼点

### ①新規学卒者

　学生時代の取組みを通じて、職業に対する興味や可能性を探りながら、職務への適合性と職務適合性を判定していきます。その際には、RIASEC（6つのホランド・タイプ）が参考になります（**図表29**）。

**図表29　RIASEC（6つのホランド・タイプ）**

| タイプ | 特性 | 職業 |
|---|---|---|
| 現実的<br>（Realistic） | まじめ、冷静、粘り強い | 機械装置の運転、手工芸技能 |
| 研究的<br>（Investigative） | 好奇心旺盛、論理的、几帳面 | 社会調査、数理統計、医学関係 |
| 芸術的<br>（Artistic） | 独創的、開放的、感情的、創造的 | 美術彫刻、音楽、演劇、デザイン |
| 社会的<br>（Social） | 聞き上手、友好的、寛容、対人援助 | 社会奉仕、医療保険、学校教育、販売 |
| 企業的<br>（Enterprising） | 積極的、自信家、外交的 | 経営管理、広報、営業、財務 |
| 慣習的<br>（Conventional） | 責任感、慎重、器用 | 事務、経理、法務、編集 |

（出典：厚生労働省委託事業『ジョブ・カード講習テキスト』）

### ②社会人経験者のチェックポイント

　職務経験を中心に仕事の成果、周囲との関係性の構築、業務改善の実績などを通じて、職場への適合性を判断します。

　また、現在の仕事に対する何らかの違和感により、転職活動していることから、「違和感を感じ始めたきっかけ」「大学卒業時の就職活動時の選択」「仕事に対するやりがい（逆にやる気がでないこと）」などを確認しながら、応募者の仕事に対する価値観や姿勢を見出していきます。その際は人が仕事で大切にしたいと思う価値観である「キャリア・アンカー」の種類も参考になります（**図表30**）。

### ③専門資格職

　「専門職を志したきっかけ」「民間で働くことと自治体で働くことの違

い」「知識習得までの過程」を確認しながら、自己理解、仕事理解の状況を確認します。なお、専門資格職は、一般的に異動範囲が狭いため、人間関係の構築に関する事項も十分に確認しておく必要があります。

図表30　キャリア・アンカーの種類（8つの価値観）

| 種類 | 特徴 |
|---|---|
| 専門・職能別コンピタンス | 自分が得意としている専門分野や職能分野での能力発揮に満足感を覚える |
| 全般管理コンピタンス | 組織内の責任ある地位に立ち、自分の努力によって組織の成功に貢献し、その結果高い収入を得ることに喜びを感じる |
| 自律・独立 | 組織の規則や手順、規範に束縛されない。自分のやり方、自分のペース、自分の納得する仕事の標準を優先する |
| 保障・安定 | 安全で確実、将来を予測でき、ゆったりとした気持ちで仕事をしたいという欲求を優先する |
| 起業家的創造性 | 自身で新しい組織、製品、サービスを生み出して新しい事業を起こし、存続させ、経済的に成功させたいと強く意識する |
| 奉仕・社会貢献 | 何らかの形で世の中をもっとよくしたいという欲求でキャリアを選択する |
| 純粋な挑戦 | 不可能と思われる障害を克服する。解決不能と思われる課題を解決する、手ごわい相手に立ち向かうことに喜びを感じる |
| ライフスタイル | 個人、家族、キャリアのニーズをうまく統合したいという欲求が強い |

（出典：厚生労働省委託事業『ジョブ・カード講習テキスト』）

## ▶▶▶ 面接は、応募者から選ばれる場

　面接の場は、応募者から「選ばれる場」でもあります。応募者の不安を取り除く意味でも、迎え入れる姿勢を大切にして面接に臨みましょう。例えば、面接の冒頭に面接にかかる時間を伝えることで応募者に安心感が与えられるともいわれています。このほか、面接を通じて働くイメージを膨らませ、自治体に魅力を感じてもらえるよう、双方向のコミュニケーションを意識しましょう。

# ◎…採用までの手続き と対応

## ▶▶ 採用までの手続きの実務の流れ

　採用試験に合格した者に関する採用までの手続きの実務の流れは、概ね次のとおりです。

| 採用手続き | ○書類の収集<br>・承諾書　・卒業証明書　・年金履歴　・公的資格証<br>○内定通知、説明会の実施<br>○欠格事由の調査<br>○健康診断の実施 |
|---|---|
| 初任給、配属先の決定 | ○給与、年金関係書類の収集<br>○配属先決定、所属長への内示 |
| 採用準備 | ○辞令、身分証の作成<br>○備品、パソコンの準備<br>○辞令交付、服務の宣誓<br>○配属先への引き渡し |

### （1）提出書類の収集と確認

　提出された書類については、改めて「受験資格を満たしているか（学歴、資格）」「履歴書やエントリーシートの内容、経歴証明、年金履歴証明とは内容が合致しているか」を確認します。特に、受験資格となる公的資格を証明する書類は、必ず原本を確認するようにしましょう。

### （2）欠格事由の確認

　地公法には、欠格事由が規定されています（第16条各号、第28条第4項）。「禁固以上の刑に処せられた者」の確認については、欠格事由の調査を本籍地のある市町村に行うことになります。

## （3）内定の取扱い

　内定とは、採用手続きを開始した旨を試験合格者に伝えることをいいます。地方公務員の内定は、労働契約締結と見なされる民間企業とは異なり、事実上の準備行為に位置付けられ、仮に内定を取り消した場合でも採用義務は生じません。ただし、取り消したことについて、以下にかかげる事由のような正当な理由がない場合には、賠償責任を負う可能性があります。

　【内定取り消しとなる可能性がある事由】
①応募要件に達しない場合（留年、免許資格の未取得）
②著しい健康異常の発生
③その他の不適格事由（犯罪行為による逮捕・起訴等）

## （4）初任給の決定

　初任給とは、職員の採用する際の給料月額で、試験区分ごとに定められた初任給基準表により、決定されます。詳細は第3章をご覧ください。

## （5）その他

①条件付採用

　職員の採用はすべて条件付のものとされ、一定の勤務を重ね、その間、職務を良好な成績で遂行することで、正式採用になります。採用者の身分に関わることですので仕組みについて必ず伝えましょう。

　【条件付採用の仕組み】
○期間（地公法第 22 条第 1 項）
　採用の日から起算して 6 か月（1 回延長可。最大 1 年まで）
　※教員（幼稚園教諭は除く）は 1 年間（教育公務員特例法第第 12 条）
○規則で定める期間延長の事由
　※国家公務員の場合、勤務日数が 90 日に満たない場合、90 日に達するまで条件付採用期間が延長される。

○特別評価

条件付採用期間中の勤務成績について特別評価が実施される。評語は「正式なものとするか・否か」の2段階となる。

○身分保障（地公法第29条の2第1項）

条件付採用期間中の職員には、身分保障である分限規定や不利益処分に関する審査請求等の規定が適用されない。

②採用時の提出書類と手続き内容

採用時に必要となる提出書類と手続き内容は、次のとおりです。

図表31　採用時に提出される書類と手続き内容

| 提出書類 | 手続き内容 |
|---|---|
| 各種手当支給届出書 | 通勤手当、住宅手当、扶養手当等の支給確認 |
| 給与振込先届出書 | 給与振り込み用の銀行口座の登録のため |
| マイナンバーカード | 税、社会保険等へ手続きに必須 |
| 給与所得者の扶養控除等（異動）申告書 | 税扶養控除の計算に必要<br>※その他住民税の異動届が住所地の市役所への手続きが必要 |
| 源泉徴収票 | 前職ある場合は年末調整で使用 |
| 年金手帳 | 共済組合資格取得に使用 |
| 健康保険被扶養者（異動）届・国民年金第3号被保険者資格取得等届 | 配偶者や子どもなど扶養家族がいる場合に必要 |
| 健康診断書 | 労働安全衛生法上、健康診断の費用は事業主が負担 |

## ▶▶ 合格から採用後の対応　～人材確保、定着の勘所～

合格者が採用を辞退したり、短期間で退職するケースは少なくありません。人事担当者には、そのようなケースを減らせるよう、以下の取組みが求められます。

### （1）関係性を構築する

合格から採用までの間、継続的に合格者と接点を持つことが大切です。

例えば、合格者同士の交流の機会を設けることで、同期同士の一体感の醸成を図ったり、新しい仲間となる合格者達の不安の軽減につなげたりしていきます。なお、交流の際は、職種や年齢層ごとにグループ分けするなど、関係性が築きやすくなるよう工夫しましょう。

## （2）期待を伝える

合格者に対し、入庁後に期待すること、面接官からのフィードバックを行うことも有効です。「どのような点を評価され合格したのか」「何を期待されているのか」がわかることは、入庁後の主体的な行動につながります。自治体によっては、合格者に対し、首長や採用担当者からメッセージを送る例も見られます。

## （3）仕事で求められることを伝える

リクルートワークスが調査した「就職白書2021」では、学生が就職活動で重視する点として、「自分が仕事でどのような能力を身に着けられるか」が上位に挙がっています。採用面接でも、「採用までに身に着けておくべき能力は何か？」との質問を受けることも多いです。

この点を踏まえると、実際に働いている職員と合格者が交流できる機会を設けたり、仕事に取り組む姿をホームページなどで発信するなど、合格者が仕事で求められることを知る機会を積極的に提供していくことが大切でしょう。

なお、これらの取組みは、可能な限り職場の現実に即した内容とすることも求められます。このことで、採用前と採用後に感じる「リアリティショック」を低くする効果も期待できます。

## （4）初任配属のイメージを固める

合格者をどの部署に配置するかは、適性、希望分野、受入れ側の所属の状況を考慮して決定します。人事担当者は、数少ない接点の機会を通じ、合格者の情報を集めておくほか、日頃から各所属の仕事内容やメンバー構成も把握し、関係性の観点から合格者が馴染みやすい職場をイメージしておくことが大切です。

## （5）採用後も支援を継続する

採用後も継続して、採用者が職場に馴染めるよう支援することも求められます。

職場に馴染む過程は「組織社会化」と呼ばれ、研修や職場での先輩からの指導などの組織的な体制の充実のほか、採用者自身にも、主体的な行動を促していくことも有効であるとされています。

①日頃からの声かけを意識する

　人事担当者は、日頃から採用者に対して積極的に声をかけ、「上司や先輩に仕事で分からないことが聞けているか」「職場での仲間づくりは上手く行っているか」など、採用者が職場に馴染む行動ができているかを確認していきましょう。

②職務経験のある者には組織の価値観を理解してもらう

　職務経験のある者は、新たな職場で経験を存分に発揮することが期待されています。ただ、その前提として「組織の価値観」の理解も大切です。例えば、「前の職場と比べてどうですか？」「戸惑うことも多くないですか？」など、日頃の会話の中で、組織の価値観への理解を促す一言を添えていくとよいでしょう。

# 2|6 ◎…退職に必要な手続は？

## ▶▶▶ 離職は行政処分の有無による

離職とは、職員が身分を失うことをいい、職員の意思表示または法律に基づく任命権者の行政処分を伴う「退職・免職」と、一定の事由の行政処分によらない「失職」に区分されます。

### (1) 退職

退職には、次の種類があります（**図表32**）。

図表32　退職の種類

| 項目 | 内容 | 退職手当支給 |
|---|---|---|
| 普通退職 | 職員の退職願の提出に基づき、任命権者が承認し退職すること | あり ※在籍期間に応じて減額 |
| 早期退職募集制度による退職 | 任命権者の退職手当条例に基づく募集に応募した職員が退職すること ・年齢、職位などの条件がある ・職員の年齢別構成の適正化 ・組織改廃等に伴う募集 | あり ※特例による退職手当の増額がある |
| 勧奨退職 | 任命権者の人事管理上の目的による勧奨に応じて職員が退職すること | |
| 在職期間の通算を伴う退職等（割愛退職） | 引き続いて他の自治体、国等の職員となるため退職手当を支給されずに退職すること | なし ※退職手当の計算基礎年数が通算される |
| 死亡退職 | 職員の死亡による退職 | あり |

（出典：総務省「地方公務員の退職状況等調査」3頁を基に著者作成）

## (2) 免職

免職の種類には、公務能率の維持及び適正な行政運営の確保を目的に行われる「分限免職」と、職員の非違行為に対して職務の秩序を維持することを目的として行われる「懲戒免職」があります。

免職は、職員の意に反する処分であることから、法律で定める事由に限定されています（地公法第 27 条第 2 項、第 28 条、第 29 条）。

なお、不利益なものであることから、処分の効力発生時期は「本人に辞令や処分説明書が到達したとき」となります。

## ▶▶▶ 失職になる 3 種類の事由

失職には、次の 3 種の事由があります。

なお、失職の場合、行政処分を待たずに当然に職を失いますが、実務上、辞令交付をもって職を失ったことの確認と本人に知らせることが適当とされ、国家公務員の運用でも人事異動通知書の様式が定められています（昭和 29 年 11 月 18 日自丁発第 192 号、人事異動通知書の様式及び記載事項等について昭和 27 年 6 月 1 日 13-799　第 19 号、23 号）。

①欠格条項該当

職員が、禁錮以上の刑に処せられる等の欠格条項に該当したときは、条例に特別の定めがない限り、当然に職を失います（地公法第 16 条第 1 号、第 28 条）。なお、失職した職員が、失職前に行った行政処分は有効とされ、勤務した期間に応じた給与返還は不要です。

②任用期間の満了

任期付職員、再任用職員、臨時的任用、会計年度任用職員など、任期を定める職員は、期間の満了により失職します。

③定年による退職

職員が定年に達した日以後における最初の 3 月 31 日までの間において、条例で定める日（以下、「定年退職日」）に退職します（地公法第 28 条の 2 第 1 項）。

定年は、国の職員を基準として定めるものとされ、ほとんどの自治体

では、定年退職日を定年に達した日の年度末の3月31日としています。

　この定年制度は、計画的な定員管理の実施、組織の新陳代謝による活力維持、職員が安心して職務に専念できる環境整備を目的としています。

　また、地公法の改正により令和5年4月より定年の段階的な引上げが予定されています。改正内容の詳細は、第6章「高年齢職員の活用」をご覧ください。

## ▶▶▶ 離職時の手続きのポイント

### (1) 離職に係る手続きの概要

　離職に係る手続きの概要は、次のとおりです（**図表33**）。

図表33　退職に係る手続きの概要

| 項目 | 内容 |
|---|---|
| 給与 | ・勤怠管理における最終調整<br>・通勤手当や社会保険料の精算 |
| 退職手当 | ・退職手当の支給計算、支払い、源泉徴収票の発行<br>・職員退職報告書、退職手当請求書、履歴書、退職所得の受給に関する申告書の作成・提出<br>※死亡の場合は、死亡届の写しの提出 |
| 税金 | ・国税に係る源泉徴収票の送付<br>・住民税の特別徴収か普通徴収の選択<br>→　特別徴収にかかる給与所得者異動届の提出（住所地の市町村） |
| 医療保険 | ・退職後、「就職先の健康保険」「共済組合に任意継続」「国民健康保険」「家族の被扶養者となる」のいずれかを選択 |
| 年金 | ・退職届書（年金待機者登録のため）<br>※基礎年金番号の記入欄あり |
| その他 | ・職員証、共済組合員証、その他の返却物の提出<br>・団体扱保険等の手続き<br>・一定の年数在籍者には、感謝状の贈呈 |

### (2) 退職の承認について

　地方公務員の退職は退職願の提出だけでは当然に辞職の効果は生じま

せん。任命権者が承認して初めてその効果が生じます（S28.9.24 自行公発第 212 号）。

　また、「ただちに後任者を補充することが困難で、離職により公務の運営に重大な支障をきたすおそれがある場合」「懲戒免職等の処分に付すべき相当の事由がある場合」など、承認するのに特に支障がある場合には、相当期間の間、承認を留保することもできます。

　なお、退職願が提出され発令がされるまでの間に、退職願いの撤回がされた場合、辞令交付前の撤回は自由とされていますが、撤回が信義に反すると認められるような特段の事情がある場合は、撤回は許されないとされています（最判 S34.6.26 民集第 13 巻 6 号 846 頁）。

## （3）退職願の様式について

　退職願の様式は法律上、定められていませんが、国家公務員においては、以下の取扱いとされています。

①提出年月日の記載がない場合においても、職員の意思が明確に表示されている限り有効。

②形式上宛名が任命権者でなくても、実質的に任命権者あてに提出されていれば意思表示として効力を有する。

③代理人（使者である場合を除く）による退職願は無効。

④強迫によりなされた退職の意思表示は取り消すことができる。

## （4）退職手当について

　退職手当は、常時勤務する職に 6 か月以上勤務した職員に対し、条例に基づいて支給され、計算の方法は、国家公務員に準じたものとなっています。

　なお、在職中に懲戒免職等の非違行為などがあった場合には、支給しないこともできます。また、退職後に、在職期間中の非違行為が発覚し、それが懲戒免職等処分相当の行為であると認められた場合には返納を求めることができます。

**【算定式】**

**基本額（退職日の俸給月額×退職理由別・勤続期間別支給割合）＋調整額**

○俸給月額　「俸給月額」には俸給表の額と管理職手当の合計

※地域手当、扶養手当、俸給の特別調整額等の諸手当は含まない。

※応募認定退職による特例（増額）がある。

※減額改定以外の理由での減額には特例がある（ピーク時特例）

○退職理由

　　自己都合、定年・早期退職募集、死亡、傷病、整理等に区分される。

○勤続期間

　　月単位で算定し、算定できる期間は60月が限度。

※国や他自治体等への出向期間は通算される。

※休職などの期間は、全部または一部が除算される。

○調整額

在職期間中の貢献度に応じた加算額で、60月を限度に役職別を加算

## （5）年次有給休暇の扱い

　退職前に残った年次有給休暇は、職員から申し出があった場合には、取得させる必要があります（S49.1.11 基収第5554号）。その際、取得可能となるのは、勤務を割り当てられた日に限定されます。

## （6）退職管理の適正の確保

　職員は、退職後も、職務上知りえた秘密を漏らすことは禁止されています。また、営利企業に転職した場合、退職後の一定期間、現役職員へ職務上の働きかけは、禁止され、条例上、就職先の届出も義務付けられます（地公法第60条）。

# COLUMN・2

## 採用試験の応募者を増やすためのポイント

　持続的な自治体運営のためには、人材確保は重要なテーマです。

　労働人口減少が見込まれ、人材獲得競争は、他の自治体だけではなく、民間企業との間でも始まっています。試験手法の見直しのほか、ターゲットとなる学生の視点を踏まえ採用広報の強化が求められています。

①学生は求める情報は「仕事内容」

民間求職情報企業のマイナビが行った「2022年卒 マイナビ公務員イメージ調査」では、「公務員の仕事について少ない」と思う情報として、「詳しい仕事内容についての情報」がトップに上がってきています。また、公務員の非志望者に「どのようにすれば公務員になりたい気持ちが高まるかを聞いたところ、「堅苦しいイメージが払拭されれば」（39.2％）となっていて、「いかに仕事内容を知ってもらうか」がポイントになります。例えば、「地方公務員となったらどんな仕事に携われるか」「どのようにキャリア形成ができるか」などのほか、複数のキャリアパスを例示することなどが挙げられます。

②情報発信は双方向かつありのままに

　情報発信を行う場合は、双方向性を持たせることも大切でしょう。例えば、インターンシップや合同企業説明会などで自治体職員と応募者とが意見交換できる場をつくり、業務内容や職場の雰囲気を正しく伝えていくことが挙げられます。

　また、自治体が求める人材に数多く応募してもらうには、職場の状況をそのままに伝えることも大切です。企業の募集活動の在り方の研究で「RJP（raealistic job preview）」といわれる考え方があります。これは、職場の悪い情報も含め誠実に伝えることで、応募者が、自分が仕事や組織に合うかを自立的に決められるようになるというものです。結果として採用後に「思っていたものと違った」として早期離職することを防ぐことにも繋がります。

第 **3** 章

# 給与・勤務条件に関わる仕事

**本**章では、給与制度・共済制度のほか、勤務時間・休暇制度、育児・介護に関する両立支援制度などの「働くルール」について取り上げます。自治体職員の制度が準拠する国家公務員の制度や労働法令などの基礎を理解したうえで、働き方改革や感染症対策により導入が進んだ「働く時間・場所の柔軟化」の方向性を押さえましょう。

# ◎…これだけは押さえる
# 自治体の給与制度
# (1)給与の決め方

## ▶▶ 地方公務員の給与の体系

### (1) 給与は給料と諸手当に分けられる

　給与とは、労務を提供したことによって与えられる金銭のことです。地方公務員の給与は、職員の正規の勤務時間に対する報酬である「給料」と、給料に加えて支給される報酬である「諸手当」に分けられます。

　給料の支給額は、行政職や医療職などの職務内容に応じて、各自治体の条例で定められる給料表に基づき決定されます。（地方自治法第172条第4項、第204条）。この給料表は、職務の複雑性や責任の度合いに応じた「級」と、経験の習熟度に応じた「号給」で構成されています（**図表34**）。

　また、諸手当の種類は、地方自治法第204条第2項に規定されたものについて、条例で定められます（**図表35**）。

### (2) 給与決定には3つの原則がある

　給与決定に関して、次の3つの原則があります。

①職務給の原則（地公法第24条第1項）

　職員の給与は、職務と責任に応ずるものでなければなりません。この原則は、職種ごとに給料表を分けること、等級の区分や等級別基準職務表を設定すること、等級ごとに勤勉手当や管理職手当に差を設けることなどで、具体化されています。

②均衡の原則（地公法第24条第2項）

　職員の給与は、生計費、国及び他の自治体の職員、民間事業の従事者の給与などのその他の事情を考慮して定めなければなりません。この原則の目的は、生計費を考慮することで職員の生活を世間一般並みに保障

## 図表34　地方公務員の給料表の仕組み

(例)

医療職給料表
小中学校教育職給料表
警察職給料表
一般行政職給料表

職務の「級」
・職務の複雑、困難及び責任の度に応じて区分するもの
・地方公共団体において級別職務分類表を定める。
・級の上昇が「昇格」

| 職員の区分 | 職務の級／号給 | 1級 | 2級 | 3級 | 4級 | 5級 | 6級 | 7級 | 8級 | 9級 | 10級 |
|---|---|---|---|---|---|---|---|---|---|---|---|
| | | 給料月額 | 給料月額 | 給料月額 | 給料月額 | 給料月額 | 給料月額 | 給料月額 | 給料月額 | 給料月額 | 給料月額 |
| | | 円 | 円 | 円 | 円 | 円 | 円 | 円 | 円 | 円 | 円 |
| 再任用職員以外の職員 | 1 | 134,000 | 183,800 | 221,100 | 262,300 | 289,700 | 321,100 | 367,200 | 414,800 | 468,700 | 534,200 |
| | 2 | 135,100 | 185,600 | 223,000 | 264,400 | 292,000 | 323,400 | 369,800 | 417,300 | 471,800 | 537,400 |
| | 3 | 136,200 | 187,400 | 224,900 | 266,500 | 294,300 | 325,700 | 372,400 | 419,800 | 474,900 | 540,600 |
| | 4 | 137,300 | 189,200 | 226,800 | 268,600 | 296,600 | 328,000 | 375,000 | 422,300 | 478,000 | 543,800 |
| | 5 | 138,400 | 190,800 | 228,600 | 270,700 | 298,700 | 330,300 | 377,600 | 424,600 | 481,100 | 547,000 |
| | 6 | 139,500 | 192,600 | 230,600 | 272,800 | 301,000 | 332,500 | 380,200 | 427,000 | 484,200 | 549,500 |
| | 7 | 140,600 | 194,400 | 232,600 | 274,900 | 303,300 | 334,700 | 382,800 | 429,400 | 487,300 | 552,000 |
| | 8 | 141,700 | 196,200 | 234,600 | 277,000 | 305,600 | 336,900 | 385,400 | 431,800 | 490,400 | 554,500 |
| | 9 | 142,800 | 198,000 | 236,600 | 279,100 | 307,800 | 338,000 | 388,000 | 434,100 | 493,400 | 557,000 |
| | 10 | 144,100 | 199,800 | 238,600 | 281,200 | 310,100 | 341,400 | 390,700 | 436,400 | 496,500 | 558,900 |
| | 11 | 145,400 | 201,600 | 240,600 | 283,300 | 312,400 | 343,600 | 393,400 | 438,700 | 499,600 | 560,800 |
| | 12 | 146,700 | 205,000 | 242,600 | 285,400 | 314,700 | 345,800 | 396,100 | 441,000 | 502,700 | 562,700 |
| | 13 | 148,000 | 206,000 | 244,600 | 287,500 | 316,900 | 347,800 | 398,700 | 443,200 | 505,700 | 564,500 |
| | 14 | 149,500 | 206,900 | 246,600 | 289,600 | 319,100 | 349,900 | 401,100 | 445,200 | 508,100 | 566,000 |
| | 15 | 151,000 | 208,800 | 248,600 | 291,700 | 321,300 | 352,000 | 403,500 | 447,200 | 510,500 | 567,500 |
| | 16 | 152,500 | 210,700 | 250,600 | 293,800 | 323,500 | 354,100 | 405,900 | 449,200 | 512,900 | 569,000 |
| | 17 | 153,800 | 212,600 | 252,600 | 295,900 | 325,700 | 356,300 | 408,200 | 451,200 | 515,400 | 570,500 |
| | 18 | 155,300 | 214,600 | 254,600 | 298,000 | 327,800 | 358,300 | 410,300 | 453,000 | 516,900 | 571,700 |
| | 19 | 156,800 | 216,600 | 256,600 | 300,100 | 329,900 | 360,300 | 412,400 | 454,800 | 518,400 | 572,900 |
| | 20 | 158,300 | 218,600 | 258,600 | 302,200 | 332,000 | 362,300 | 414,500 | 456,600 | 519,900 | 574,100 |
| | 21 | 159,700 | 220,400 | 260,400 | 304,300 | 334,100 | 364,400 | 416,600 | 458,400 | 521,200 | 575,300(最高号給) |
| | 22 | 162,300 | 222,400 | 262,400 | 306,400 | 336,200 | 366,400 | 418,600 | 459,900 | 522,700 | |
| | 23 | 164,900 | 224,400 | 264,300 | 308,500 | 338,300 | 368,400 | 420,600 | 461,400 | 524,200 | |
| | 24 | 167,500 | 226,400 | 266,200 | 310,600 | 340,400 | 370,400 | 422,600 | 462,900 | 525,700 | |
| | 25 | 170,200 | 228,300 | 268,200 | 312,600 | 342,300 | 372,500 | 424,700 | 464,400 | 527,100 | |
| | 26 | 171,900 | 230,200 | 270,100 | 314,700 | 344,300 | 374,500 | 425,800 | 465,800 | 528,200 | |
| | 27 | 173,600 | 232,100 | 272,000 | 316,800 | 346,300 | 376,500 | 427,900 | 467,200 | 529,400 | |
| | 28 | 175,300 | 234,000 | 273,900 | 318,900 | 348,300 | 378,500 | 429,500 | 468,600 | 530,600 | |
| | 41 | | | | | | | | | 542,600(最高号給) | |
| | 45 | | | | | | | | 482,600(最高号給) | | |
| | 61 | | | | | | | 460,300(最高号給) | | | |
| | 77 | | | | | | 425,900(最高号給) | | | | |
| | 85 | | | | | 403,700(最高号給) | | | | | |
| | 93 | 244,100(最高号給) | | | 391,200(最高号給) | | | | | | |
| | 113 | | | 357,200(最高号給) | | | | | | | |
| | 125 | | 309,900(最高号給) | | | | | | | | |
| 再任用職員 | | 186,800 | 214,600 | 259,000 | 279,400 | 295,000 | 321,100 | 364,600 | 399,000 | 451,600 | 534,200 |

「号給」
・同一級をさらに細分化するもの
・職務経験年数による職務の習熟を給与に反映させる。
・号給の上昇が「昇給」

(出典：総務省ホームページ「給与・定員等の制度概要　地方公務員の給料表の仕組み」)

し、民間企業や他の公務員並みとすることで人材確保を図るとともに、住民からの理解を得るためです。

③給与条例主義（地公法第24条第5項、第25条第1項、自治法第204条の2）

　職員の給与は、条例で定めなければなりません。また、法律又はこれに基づく条例に基づかない限り支給することができません。

図表35　諸手当の種類

| 職務関連手当 | 地域手当、特殊勤務手当、時間外勤務手当、宿日直手当、管理職員特別勤務手当、夜間勤務手当、休日勤務手当、管理職手当、期末手当、勤勉手当、義務教育等教員特別手当、定時制通信教育手当、産業教育手当、農林漁業普及指導手当、災害派遣手当 |
|---|---|
| 生活関連手当 | 扶養手当、住居手当、単身赴任手当、寒冷地手当 |
| 人材確保手当 | 初任給調整手当、特地勤務手当、寒冷地手当、へき地手当 |
| その他 | 通勤手当、退職手当、特定任期付職員業績手当、任期付研究員業績手当 |

（出典：総務省ホームページ「地方公務員の給与の体系と給与決定の仕組み」）

## 地方公務員の給与は毎年改定が検討される

　地公法第14条では、給与制度や勤務時間等の勤務条件が、社会一般の情勢に適応することが求められています（「情勢適応の原則」）。これを受けて、自治体の給料や諸手当は、毎年8月に人事院から内閣に提出される「人事院勧告」や人事委員会が置かれている団体における人事委員会勧告を踏まえ、**図表36**の流れで給与改定が検討されます。

## 給与額の決定方法は規則で決まっている

　職員個人の具体的な給与額は、各自治体の規則で定められている「初任給基準表」及び「級別資格基準表」に基づいて決定されます。

### （1）新たに職員になった者

　新たに職員になった者の級及び号給は、初任給基準表（**図表37**）に基づき決定されます。例えば、大学卒の学歴免許の試験区分の場合、初任給は1級25号給となります。また、試験区分ごとの学歴免許より上位の資格を有する場合、それに応じた号給の加算が行われます。例えば、大学卒の試験区分の合格者が大学院を修了している場合、修学期間2年分の号給（2年×4号=8号給）が加算され、1級33号給に決定されます。

　このほか、民間会社等の経歴でも、号給が加算されます。加算の程度は、経験年数換算表（**図表37**）が定める換算率により決定されます。

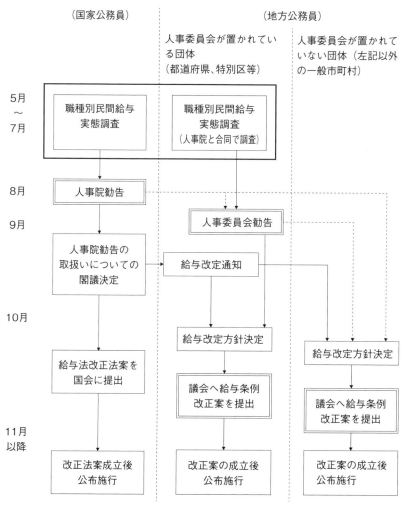

図表 36　給与制度の改定手順

（出典：人事院勧告）

図表 37　初任給基準表（例）

| 試験 | | 学歴免許等 | 初任給 |
|---|---|---|---|
| 正規の試験 | 上級 | 大学卒 | 1 級 25 号給 |
| | 中級 | 短大卒 | 1 級 17 号給 |
| | 初級 | 高校卒 | 1 級 5 号給 |
| その他 | | 高校卒 | 1 級 1 号給 |

図表38　経験年数換算表の例

| 経歴 | | 換算率 |
|---|---|---|
| 国家公務員、地方公務員等としての在職期間 | 同種の職務 | 100/100 |
| | 職務と種類が類似している | 100/100 以下 |
| | その他の期間 | 80/100 以下 |
| 民間における企業体、団体等の職員としての在職期間 | 職務にその経験が直接役立つと認められる | 100/100 |
| | その他の期間 | 80/100 以下 |

## （2）昇格

　昇格とは、給料表の上位の級に上がることをいい、級別資格基準表（**図表39**）に定められた在級年数を経ているほか、人事評価や研修受講等の一定の要件を満たすことが求められます。なお、昇格後の号給は、昇格時号給対応表を基に決定します。

図表39　級別資格基準表

| 試験 | | 学歴免許等 | 1級 | 2級 | 3級 | 4級 |
|---|---|---|---|---|---|---|
| 正規の試験 | 上級 | 大学卒 | 0 | 3年 | 4年 | 4年 |
| | 中級 | 短大卒 | 0 | 5年 | 4年 | 4年 |
| | 初級 | 高校卒 | 0 | 7年 | 4年 | 4年 |

※大学卒上級の2級に昇格するには1級に3年間在籍することが必要。
※在職前の経験年数を含めて基準に定める場合もある。

## （3）昇給

　昇給とは、同一の級の範囲内で号給を上位の号給に変更することです。昇給は、昇給日前の1年間における職員の勤務成績に応じて行われます。国家公務員の昇給の場合には、極めて良好が「8号給」、特に良好が「6号給」、良好が「4号給」、やや良好でないが「2号給」、良好でない「昇給なし」の5段階で行われています。

# 3|2 ◎…これだけは押さえる
# 自治体の給与制度
# (2)給与の支払い

## ▶▶ 給与支給についての 8 つのルール

給与の支払いの方法には以下のルールがあります。

### (1) 通貨払いの原則 (地公法第 25 条第 2 項)

職員の給与は通貨で支払わなければなりません。現物給与や小切手による支払いは認められていません。なお、給与を手渡しではなく口座振込で支給することは、職員の意思に基づく場合にのみ、可能です。

### (2) 直接払いの原則 (地公法第 25 条第 2 項)

職員の給与は直接職員に支給されなければなりません。なお、職員の使者（職員が病気休暇のため妻子が給与を受け取る場合など）に対し支払うことは差し支えありません。

### (3) 全額払いの原則 (地公法第 25 条第 2 項)

職員の給与は、法令や条例の特例がある場合を除き、全額を支給しなければなりません。この特例には、所得税の源泉徴収、住民税の特別徴収、共済組合の掛金、宿舎の利用料、職員組合費などの差引きなどがあります。

### (4) 一定期日払いの原則 (地公法第 58 条第 3 項、労基法第 24 条第 2 項)

職員の給与は、毎月 1 回以上、一定期日を定めて支払わなければなりません。

### (5) 重複支給禁止の原則 (地公法第 24 条第 3 項)

職員が他の職を兼ねる場合、本務以外の兼務に対して給与を支給できません。例えば、一般職の職員が特別職の職員を兼ねる場合や、自治体間・任命権者間で一般職の職を併任する場合でも支払うことはできません。

## (6) 給与には時効がある

　職員に支給される給与は、一定の期間、請求が行われていなければこれを請求する権利は時効により消滅します（労基法第115条）。消滅時効の期間は、令和3年4月1日以降の給与については当面3年、それ以前の給与は2年となります。なお、時効の起算点は、支払期日があるものは当該期日から、支払期日がないものは発生した時点からとなります。

## (7) 勤務しないと給与は減額される

　職員が勤務しなかった場合、給与は減額されます。この場合の減額は勤務1時間当たりの給与額に勤務しなかった時間数を乗じて得た額です。

---

**【勤務時1時間当たりの給与額の算出式】**
　（給料月額＋地域手当）× 12月 ÷（1週間の勤務時間 × 52週）

---

　なお、特別休暇など勤務しなかったことについて、任命権者の承認があった場合には減額はされません。

## (8) 休職中の支給額は事由により異なる

　休職とは、職員としての身分を保有したまま、一定の事由により職務に従事させないことをいいます（地公法第28条第2項）。休職中の給与はそれぞれの事由に応じて支給割合、支給期間を条例に定めることにより、支給します（**図表40**）。

図表40　休職者給与支給割合と支給期間

| 休職事由 | 割合と支給期間 |
|---|---|
| 公務上又は通勤による傷病による休職 | 給与の全額を休職の期間中 |
| 私傷病（結核性疾患）による休職 | 給料の月額、扶養手当、地域手当、住居手当及び期末手当のそれぞれ80／100を2年間 |
| 私傷病（非結核性疾患）による休職 | 給料の月額、扶養手当、地域手当、住居手当及び期末手当のそれぞれ80／100を1年間 |
| 刑事事件による休職 | 給料の月額、扶養手当、地域手当及び住居手当のそれぞれ60／100以内を休職の期間中 |

## ▶▶▶ 地方公務員の社会保険「共済制度」のポイント

### （1）共済制度とは職員と家族の生活の安定を図る事業

　共済制度とは、職員の病気、負傷、出産、休業、災害、退職、障害若しくは死亡に関して、職員と自治体からの掛金等をもとに給付を行う制度です。また、共済制度による給付は、職員の被扶養者の病気、負傷、出産、死亡若しくは災害に関しても行われます。

　この制度は、地公法第43条の規定を受けて制定された地方公務員等共済組合法に基づき設置された共済組合により運営され、職員及びその遺族の生活の安定と福祉の向上に寄与するとともに、公務の能率的運営に資することを目的としています。

　なお、共済組合は、次の種類があり、それぞれ加入する職員の範囲が決まっています（**図表41**）。

図表41　共済組合の種類と加入する職員

| 名称 | 加入する職員 |
|---|---|
| 地方職員共済組合 | 都道府県職員 |
| 公立学校共済組合 | 公立学校及び都道府県教育委員会の職員 |
| 警察共済組合 | 都道府県警察の職員 |
| 都職員共済組合 | 東京都及び特別区の職員 |
| 指定都市共済組合 | 政令指定都市の職員 |
| 市町村職員共済組合 | 市町村職員 |

### （2）共済組合は3つの事業を行っている

　共済組合では、次の3つの事業を行っています。

①短期給付事業（健康保険制度による公的医療保険事業、雇用保険制度の育児休業給付・介護休業給付に相当する事業）

②長期給付事業（公的年金事業）。

③福祉事業（医療施設・宿泊施設の設置運営、特定健診等の保健事業、組合員への貸付け事業等）

### （3）共済組合には加入する条件がある

　共済組合に加入している職員を組合員といいます。職員のうち組合員となるのは、常勤職員、2年目以降のフルタイム会計年度任用職員などの常勤に相当する非常勤職員です。

　なお、令和4年10月1日より、パートタイム会計年度任用職員についても週勤務時間や月給賃金などの要件に応じて対象が拡大される予定です（短期給付、福祉事業のみ）。

### （4）費用は職員・自治体で負担する

　共済組合の運営に必要な費用は、職員と自治体双方で負担し、職員の負担は「掛金」、自治体の負担は「負担金」といいます。

　この掛金と負担金の額は、標準報酬の月額及び標準期末手当等の額に一定の率を乗じて算出されます。なお、この標準報酬の月額は、新たに組合員資格の取得時点の報酬の額をもとに決定された後、毎年7月に4月から6月の報酬額に応じて見直されるほか、昇給昇格など報酬額に変動があった場合にも見直されます。


## ▶▶ 地方公務員の労災「公務災害補償」のポイント

### （1）公務災害補償は公務中・通勤中のアクシデントを補償する仕組み

　公務災害補償制度とは、職員が公務上の災害又は通勤による災害によって生じた身体的損害を補償する制度です。この制度は、地方公務員等及びその遺族の生活の安定と福祉の向上に寄与することを目的としています。

　この制度では、地方公務員災害補償法により設置された地方公務員災害補償基金により運営され、本部を東京に、各都道府県及び政令指定都市に支部が置かれています。

　公務災害補償の種類と流れは次のとおりです（**図表42**）。

### （2）費用は自治体が負担・任用形態に応じて適用が異なる

　基金の運営費用は、自治体が負担します。また、職員の任用形態ごとに適用法令や補償実施機関が異なります（**図表43**）。

## 図表 42　災害補償の流れ

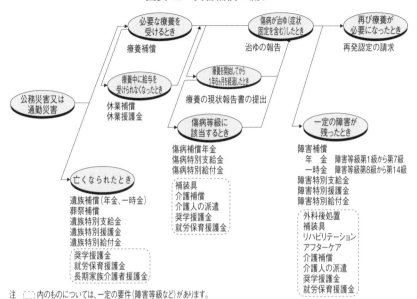

注　[ ] 内のものについては、一定の要件（障害等級など）があります。

（出典：地方公務員災害補償基金京都府支部『公務災害通勤災害　補償のしおり』を基に著者作成）

## 図表 43　職員の任用形態ごとの適用法令と補償実施期間

| 作用形態 | 適用法令 | 補償実施機関 |
|---|---|---|
| 常勤職員（全職員） | 地方公務員災害補償法 | 地方公務員災害補償基金 |
| 再任用短時間<br>任期付短時間 | | |
| 常勤的非常勤職員（※1） | | |
| 労災法非適用事業所の会計年度任用職員 | 地方公務員災害補償法に基づく条例 | 地方公共団体 |
| 労災法適用事業所（※2）の会計年度任用職員 | 労働者災害補償保険法 | 国（労働基準監督署） |

※1　常勤職員と同じ勤務時間を月18日以上勤務した月が12月を超える者。

※2　労災法適用事業とは、労基法別表第一第1号から第15号までに該当する事業所で、水道、交通、保健衛生、清掃などの事業所が該当する（26頁図表14参照）。

### （3）公務災害、通勤災害となるには条件がある

　公務災害として認められるためには、職務遂行中の事故であったという条件があります。これを、「公務遂行性」といいます。また、職務遂行と災害との因果関係があったという「公務起因性」も必要です。特に、内部疾患や精神疾患については、公務起因性の判断が重要となり、医学的判断においては、本人の病歴等の要因などを検討することが必要となります。

　次に、通勤災害として認められるためには、その事故が職員が勤務のために合理的な経路及び方法での通勤中に起きた場合ということが必要です。具体的には、「住居と勤務場所との間の往復」「勤務場所等から他の勤務場所への移動」中の災害であったかがポイントです。例えば、店舗で食事をとる等移動を中断している間の災害の事故は認められません。ただし、通勤の中断が、日用品を買う、トイレに立ちよるなど、日常生活上必要な行為で、やむを得ない事由かつ最小限度の場合は、認められる場合もあります。

# 3│3 ◎…働く時間について のルールを理解し よう

a

## ▶▶ 勤務時間は1日7.45、1週間38.45が原則

　自治体職員の働くルールである給与や勤務時間などを「勤務条件」といい、国や他の自治体との権衡を失してはいけない、条例で定めなければいけないということが地公法で定められています（地公法第24条第4項、第5項）。また、第1章で説明したとおり、職員には労基法が適用され、条例を定めるに当たってはこれを遵守する必要があります。

　まず、勤務時間についてみてみましょう。勤務時間の原則として、労基法では、1日8時間以内、1週間40時間以内とすることが求められていますが、多くの自治体では国に準じて、1日7時間45分、週38時間45分としています。また、1週間とは日曜日から土曜日までを指します（行実 S24.2.5 基収発第4160号）。なお、1日と週の勤務時間を超えて勤務を命じた場合は、1時間当たりの給料額に**図表44**に示した割増額を乗じた額が支払われます。法定労働時間を超えて勤務を命じるには、**図表45**に示す労基法上の根拠が必要ですが、平成31年4月からは月45時間・年360時間の上限が定められています。

　なお、消防職員や病院などの交代制勤務などで、日・週での法定労働時間内の設定が難しい職場では、4週・6週・8週など一定期間内での平均で法定労働時間を超えない範囲内での特例があります（労基法第32条の2）。この場合、民間労働者には労働組合との協定が必要なところ、自治体職員については、企業職員等を除き、条例又は規則で定めることで足ります（地公法第58条第4項）。

　このほか、管理監督職員等、監視又は断続的勤務の職員で労働基準監督機関の許可を得た場合には、労働時間、休憩及び休日に関する規定は

一部を除き適用されません（労基法第41条第2号、第3号）。

## ▶▶▶ 休憩は途中で一斉に自由に与えるのが原則

　休憩時間とは、労働から離れることを保障された時間で、勤務時間が6時間を超える場合には45分、8時間以上では1時間以上を、与えなければなりません（労基法第34条）。

　休憩時間には、次の3つのルールがあります。

　一つめに1回の勤務の途中で与えることが必要です。なお、一昼夜交代制で2日間にまたがる継続勤務の場合には、法律上はその途中に1時間の休憩を与えればよいとされています。

　二つめに休憩は、一斉に与えることが原則です。この原則は、業種により適用が除外される場合があり、官公署もこれに当たります。このほか、労働組合等との協定により除外する場合もあり、例えばクリーンセンターなどで常時稼働している施設に従事する現業職員などがこれに当たります（労基法第40条、労基法第34条第2項但し書き）。

　三つめに休憩は自由に利用させることが原則です。例えば、休憩時間中に、来客対応のために居残り、待機（電話当番）をさせた場合は勤務時間となります。なお、消防吏員、児童自立支援施設の職員などは、休憩時間の自由利用とすることが困難な特殊な業種や業務とされ、自由利用の原則が適用されないこととなっています（労基法第34条第3項）。

## ▶▶▶ 週休日と休日とは異なる仕組み

　週休日とは、正規の勤務時間を割り振らない日をいい、土曜日と日曜日をさします。また、休日とは、正規の勤務時間を割り振られた日について、勤務することを要しない日として指定した日をいい、国民の祝日を指します。週休日と休日は、自治体の条例で定められています。

　また、週休日に勤務を命じた場合には、時間外勤務が、休日に勤務を命じた場合には、休日勤務手当が支給されます。この場合、1時間当たりの給料額に**図表44**に示す割増率を乗じた額がそれぞれ支払われます。

**図表 44　時間外勤務手当と休日勤務手当の割増率**

（正規の勤務時間が8時30分〜17時15分の場合）

**図表 45　地方公務員の時間外勤務命令の根拠**

| 労基法条文 | 事由 | 備考 | 上限規制 |
| --- | --- | --- | --- |
| 第 33 条第 1 項 | 災害その他避けることができない場合（※1） | 行政官庁からの許可または届け出 | 適用なし |
| 第 33 条第 3 項 | 公務のために臨時に必要がある場合（※2） | 別表第一に掲げる事業は除く（※3） | 適用あり |
| 第 36 条第 1 項 | 使用者と労働組合との協定がある場合 | 労働基準監督機関へ届け出※別表第一事業のみ | 適用あり |

※1　災害、緊急、不可抗力その他客観的にさけることの出来ない場合に限られる。単なる業務の繁忙等は認められていない（S26.10.11 基発第 696 号）。

※2　公務のために臨時の必要があるか否かの認定は、当該行政官庁に委ねられる（S23.9.20　基収発 3252 号）。

※3　職種・常勤非常勤等を問わず、労基法別表第一に掲げる事業以外の官公署について適用される。（H11.3.31 基発第 168 号）（26 頁図表 14 参照）

## ▶▶ 休暇休業はそれぞれ 4 種類ある

　休暇とは、職員に一定の事由が生じた場合、任命権者の承認を得て、勤務することが免除される制度です。休暇の種類と事由は原則国に準拠

し条例で定めます。自治体により一部異なる部分もありますので、自分
の自治体の休暇の種類、取得事由及び日数を確認しましょう。

## （1）年次有給休暇

　取得の事由を限定せずに与えられる有給の休暇です。自治体職員には、
採用の初年度において月数割合に応じた付与があること（例えば4月採
用には15日付与）、翌年から20日間付与されること、時間単位での取
得が認められていることなど、労基法上のルールよりも有利な内容です。

---

【年次有給休暇の運用の注意点】
○労働者の請求する時季に与えなければならない「時季指定権」がある（労
　基法第39条第5項）。
○使用者には事業の正常な運営を妨げる場合に他の時季に与えることが
　できる「時季指定権」がある（労基法第39条第5項）。
○週休日、休日、休職期間などにおいては取得が認められない（S24・
　12・28基発第1456号）。
○企業職員には年5日の年次有給休暇を取得させる義務がある（労基法
　第39条第7項）その他の職員は適用除外。

---

## （2）病気休暇

　病気休暇とは、職員が公務又は公務通勤による負傷疾病の場合を除い
て、負傷又は疾病のため療養する必要があり、勤務しないことがやむを
得ないと認められる場合に与えられる休暇をいいます。医師の証明に基
づき、最少限度必要と認められるとき、引き続き90日を超えない範囲
で取得できます。

## （3）特別休暇

　特別休暇とは、あらかじめ定められた特定の事由に該当する場合、任
命権者の承認を得て、職務専念義務が免除されるものです。

　具体的な休暇の内容は、条例や規則等で定められます（**図表46**）。

図表46　主な特別休暇

| 根拠 | 休暇の種類 |
|---|---|
| 労基法上認められるもの | 公民権行使、官公署出頭（第7条）<br>産前産後休暇（第65条）、育児時間（第67条）<br>生理休暇（第68条）など |
| 条例に基づくもの<br>※国の例を参考 | ドナー休暇、ボランティア休暇、結婚休暇、妻の出産休暇、育児参加休暇、子の看護休暇、忌引き休暇、父母の法要、夏季休暇、骨髄液提供休暇、短期介護休暇、現住居の滅失等、災害・交通遮断、通勤途上の危機回避など |

## （4）介護休暇

　介護休暇は、職員が配偶者、父母、子、配偶者の父母等の扶養、疾病又は老齢により2週間以上にわたり日常生活に支障がある場合に認められる休暇です。期間は、要介護者が介護を必要とする状態が続いている場合において、連続6か月の中で必要と認められる期間とされており、1日又は1時間単位で取得できます。なお、介護休暇中は無給です。

## （5）休業

　休業は、職員からの申請により、一定期間、職務専念義務を免除するもので、休業中は職を保有するものの職務に従事せず、原則として給与は支給されません。地公法上で規定される職員の休業には次のものがあります。

図表47　地公法上の休業制度

| 種類 | 対象 | 期間 |
|---|---|---|
| 修学部分休業<br>（26条の2） | 大学その他の条例で定める教育施設の修学者 | 条例上定められる当該修学に必要と認められる期間 |
| 高齢者部分休業<br>（26条の3） | 高年齢で条例で定める年齢に達した職員 | 申請日から定年退職日までの期間 |
| 配偶者同行休業<br>（第26条の6） | 外国で勤務等する配偶者と生活を共にする職員 | 3年を超えない範囲内で条例で定められた期間 |
| 自己啓発休業<br>（第26条の5） | 大学等過程の履修又は国際貢献活動への従事職員 | 3年を超えない範囲で条例で定められた期間 |

※その他育児休業及び大学院修学休業はそれぞれ別の法律で定めることとされている（第26条の4）。

# 3 | 4 ◎…働き方改革の ポイント

## ▶▶ 自治体にも働き方改革が求められている

　「働き方改革」とは、「働く人が、個々の事情に応じた多様で柔軟な働き方を、自分で"選択"できるようにするための改革」です。具体的には平成 30 年 6 月に「働き方改革関連法」が成立したことにより、「長時間労働の是正、多様で柔軟な働き方の実現等」に関する所要の改正が行われ、平成 31 年 4 月以降、順次施行されています。

　自治体職員についても、民間法制や国の人事院規則等の一部改正を踏まえ、条例の改正など所要の措置が講じられています。まずは改正内容の概略と職員への適用関係を押さえた上で、ご自身の自治体の仕組みも確認してみましょう。

図表 48　働き方改革関連法の改正（地方公務員該当部分のみ）
【労働基準法関係】

| 項目 | 改正内容 | 自治体職員への適用 |
|---|---|---|
| 時間外労働の上限規制 | ○原則 1 月 45 時間、1 年 360 時間以内<br>○臨時的な特別の事情でも以下の範囲<br>・月 100 時間未満（休日労働含む）<br>・複数月平均 80 時間以内（休日労働含む）<br>・年 720 時間以内<br>・月 45 時間を超えられるのは年 6 回以内 | 適用 |
| 年次有給休暇取得を義務づけ | 年 10 日以上の年休が付与される労働者に対し 1 年間に 5 日分の年休を時季指定 | 企業職員と単純労務職員には適用 |

【労働安全衛生法関係】

| 項目 | 改正内容 | 職員への適用 |
|---|---|---|
| 産業保健機能の強化 | ○事業者による産業医への労働者の健康管理等の情報提供<br>○産業医活動と衛生委員会との関係の強化 | 適用 |
| 長時間労働者への面接指導の対象拡大 | ○医師の面接指導対象者の拡大<br>○法定外労働が、1か月当たり月80時間を超え、かつ、疲労蓄積が認められる労働者 | 適用 |
| 労働時間の客観的な把握 | ○管理監督者も含む職員の労働時間の状況の把握等の義務付け | 適用 |
| 勤務時間インターバル制度 | ○勤務終了後、翌日の出勤までの間の一定時間以上の休息時間を確保 | 適用外 |

図表49　国家公務員の超過勤務命令の上限イメージ（他律的部署に該当する職員の場合）

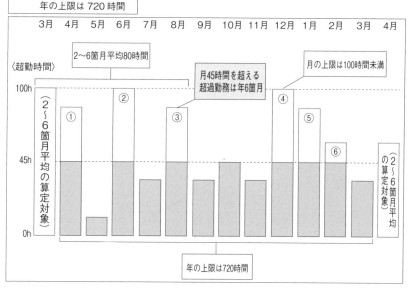

（出典：人事院「超過勤務の上限等に関する措置について」）

## ▶▶ 働き方改革の方向性と具体的な取組み内容

働き方改革は施行から3年目を迎え、国や経済団体からは「労働時間削減等の労働力のインプットの効率化」から、「働き手のやりがい、エンゲージメントを高めて、付加価値の最大化に注力するアウトプットの向上」への方向性の転換が示されています。これは、これまでの残業削減などの「ルールの徹底」の段階から「新しい働き方や、デジタル技術の活用による成功体験者を増やし、働く満足感を高める」方向への展開と筆者は理解しています。

令和2年3月、総務省発行の『地方公務員におけるダイバーシティ・働き方改革推進のためのガイドブック』では、各自治体の取組みが紹介されています（**図表50**）。まずは、自分の自治体で既に実施していることを確認してみましょう。その上で働き方改革の新しい方向性を踏まえ、取組みをアップデートできないか是非検討してみてください。

図表50　各自治体での働き方改革の取組み事例

| | |
|---|---|
| 残業削減 | ・残業削減目標の設定、勤務時間の実態把握と共有<br>・定時退庁日（ノー残業デー）の設定・実施<br>・職場での声かけ、巡回、一斉消灯<br>・残業、深夜勤務等の事前申請・承認 |
| 休暇取得促進 | ・休暇取得目標の設定、休暇取得状況の把握と共有<br>・休暇の事前計画、職場内での共有 |
| 業務効率化 | ・効率化できる業務の抽出と職場での効率化推進<br>・会議時間のルール化、資料作成の簡素化<br>・業務依頼、業務情報共有ルールの見直し<br>・係を超えた人員配置・応援体制<br>・AI・RPAの活用 |
| 働く時間・場所 | ・時差勤務、フレックスタイム制の導入拡大<br>・テレワークの導入拡大 |
| 評価 | ・管理職の評価への反映 |

# 3|5 ◎…仕事と家庭の両立支援制度

## ▶▶▶ 自治体に求められる両立支援制度を理解しよう

　両立支援とは、仕事と生活の調和、いわゆる「ワークライフバランス」（WLB）を図ることができる職場環境を整備する施策です。

　職員の生活や価値観を尊重し組織として両立支援策を展開することで、職員の生活の安定が図られ、組織への貢献意欲の高まりが期待されます。

　また、質の高い行政サービスの提供には、職員一人一人の意欲や能力だけでなく、お互いがフォローしあえる組織づくりも重要です。

　それでは、まず、両立支援策の代表的な施策である、育児・介護との両立支援策の全体像について、見ていきましょう。

　民間の労働者に適用される育児休業、介護休業等育児又は家族介護を行う労働者の福祉に関する法律（以下、「育児・介護休業法」という。）は、平成３年に成立し、順次制度の充実・対象労働者の拡大などの改正が行われています。一方、地方公務員には、育児休業、育児短時間勤務、部分休業については、地方公務員の育児休業等に関する法律（以下、「地公育法」という。）が適用されています。また、子の看護・労働時間の特例・介護に係るその他の制度については、育児・介護休業法の特例規定を受け、国家公務員と民間企業に準じた仕組みを条例で定めています。

　地方公務員の両立制度は、育児休業の取得期間が３年間と、民間労働者よりも長く、育児休業や介護休暇を理由とする不利益取扱いを受けた場合の救済先が、都道府県労働局ではなく、人事委員会又は公平委員会であるなど、民間企業と違いがあります。**図表51**に適用関係を示しましたので、ご自身の自治体での仕組みを確認しておきましょう。

図表51　育児・介護に係る休業休暇、勤務時間の特例制度の適用関係

| 制度 | | 期間・内容 | 適用条文 |
|---|---|---|---|
| 育児 | 育児休業 | 3歳に達するまで | 地公育休法第3条～第9条 |
| | 育児短時間 | 小学校就学まで | 地公育休法第10条～第18条 |
| | 部分休業 | 小学校就学まで 1日2時間まで | 地公育休法第19条 |
| | 子の看護休暇 | 小学校就学まで 年間5日（2人以上は10日） | 育児・介護休業法第61条第11項 |
| | 育児に係る所定外労働時間の免除 | 3歳に達するまで | 育児・介護休業法第61条第19項 |
| | 育児に係る時間外労働の制限 | 小学校就学まで 1月24時間、1年150時間 | 育児・介護休業法第61条第23項 |
| | 育児に係る深夜勤務の免除 | 小学校就学まで | 育児・介護休業法第61条第27項 |
| 介護 | 介護休暇 | 6月を超えない範囲で（3回まで分割取得） | 育児・介護休業法第61条第6項 |
| | 短期介護休暇 | 年5日 要介護家族が2人以上は10日 | 育児・介護休業法第61条第16項 |
| | 介護時間 | 連続する3年の期間内において1日つき2時間まで | 育児・介護休業法第61条第32項 |
| | 介護に係る所定外労働時間の制限 | 所定外労働の免除 | 育児・介護休業法第61条第20項 |
| | 介護に係る時間外労働の限度制限 | 1月24時間、1年150時間 | 育児・介護休業法第61条第24項 |
| | 介護に係る深夜労働の制限 | 深夜勤務（午後10時～午前5時） | 育児・介護休業法第61条第28項 |

## ▶▶ 男性の育児休業も拡大している

　政府では、女性活躍の取組みの一つとして、男性の育児休業の取得を

促進してきました。特に国家公務員については継続的な取組みを行っており、令和元年度には約3割の男性職員が育児休業を取得しています。

図表52　国家公務員における育児制度改正のイメージ

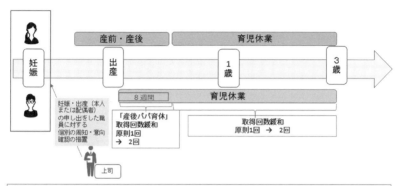

（出典：人事院「育児・介護のための両立支援ハンドブック」を基に筆者作成）

図表53　育児休業制度の改正により可能となる働き方

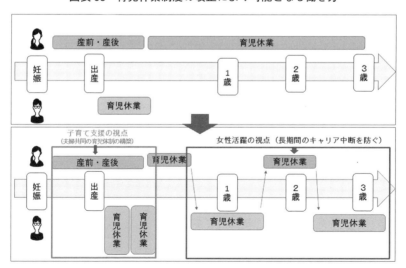

（出典：厚生労働省「育児・介護休業法改正ポイントのご案内」を基に筆者作成）

一方で、官民問わず男性の育休取得期間が短く、育児の負担が依然として女性に偏っているとの課題があったことから、より柔軟な制度利用を可能とした育児・介護休業法が改正されました。これを受け、国家公務員についても、令和4年1月から順次、育児休業制度の改正が行われています（**図表**52）。これにより、女性が長期間休業や短時間勤務をすることで、育児を担うという働き方のスタイルを、男性と女性が共に育児を担うスタイルに変換することが今後更に期待されています（**図表**53）。

## ▶▶ 両立支援は育児との両立だけではない

WLB実現のための両立支援は、「仕事と育児」だけではありません。介護には介護休暇など、疾病には病気休暇などの制度があります。

特に、職員の定年が引き上げられ、働く期間が長期化する中では、組織の中核を担う50代の職員が直面しがちな、介護や疾病については、制度整備だけでなく、制度の浸透、制度利用時の組織運営の確保の点で、今後の重要な課題となるでしょう。

十分な準備期間のある、育児との両立と異なり、介護や疾病は急遽直面する出来事で、将来の見通しが立ちにくいことなども特徴です。職場で使える制度の紹介だけでなく、介護や疾病に直面したときの外部の相談先や、行動の手順について情報提供をしたり、実際に両立を図っている職員の体験談をシェアするなどの取組みなどは効果的でしょう。

## ▶▶ 人事担当者としての両立支援制度の捉え方

ある調査によれば、仕事と生活のバランスが実現できていると回答した人は、男女問わず、仕事への意欲が高いという傾向が出ています。

人事担当者にとっては、両立支援の全体像とその動向を押さえ、制度を活用しやすい環境作りにつなげることは重要です。

その上で、両立支援制度や次節で説明する新しい働き方が浸透した職場環境の中で、どのように組織を運営していくかを、現場の管理職とともに模索していく姿勢が、これまで以上に大切となってくるでしょう。

# 3 | 6 ◎…新しい働き方を取り入れるポイント

## ▶▶ 新しい働き方にはメリットと課題がある

　時間や場所にとらわれない新しい働き方は、令和2年2月以降の新型コロナウイルス感染症の広がりにより、感染症拡大防止と業務両立というBCP（事業継続計画）の観点から、一気に拡大しました。特にテレワークの推進は、令和2年12月策定の「自治体デジタル・トランスフォーメーション（DX）推進計画」でも、重点事項の一つとなっています。

　この新しい働き方を取り入れる目的には、「業務の効率化」「多様な働き方の実現」という働き方改革の観点もあります。

　テレワークの推進により、通勤や会議などへの移動時間が不要となるほか、育児、介護などでの時間に制約がある職員や、障害などの勤務環境や通勤などの場所に制約がある職員などの「多様な人材が能力を発揮できる働きやすい職場環境の実現」にもつながります。

　一方で、自治体が担う行政サービスには、個人情報を扱う業務、窓口、対人支援も多くあり、新しい働き方を取り入れるには工夫が必要です。また、コミュニケーションが希薄になり、職場に一堂に会することでの育成効果や一体感の醸成が不足するとの課題があります。

　ここからは新しい働き方であるテレワークと柔軟な勤務時間制度について、これらのメリットと課題を踏まえた取組みを含めて、紹介していきます。

## ▶▶ テレワーク　〜場所にとらわれない働き方〜

テレワークには、次の3つの種類があり、それぞれ適した業務が異な

ります。

図表 54　テレワークの種類

| 種類 | 内容 | 適した業務 |
|---|---|---|
| 在宅勤務 | 自宅で PC 等を活用して業務遂行する形態 | ○資料作成<br>・会議議事録・研修資料<br>・マニュアル作成　など<br>○データ集計、統計資料 |
| サテライトオフィス勤務 | 勤務地以外の出先機関、公共施設で、PC 等を活用して業務を遂行する形態 | ○個人情報や非公開情報を扱う業務 |
| モバイルワーク | 外出先・出張先や、移動中にモバイル端末等を活用して業務を遂行する形態 | ○現場の様子のリアルタイムでの送信　など |

　テレワークを実施するうえでのポイントには以下の4点があります。

## （1）勤務時間管理に気を付ける

　テレワークでの勤務の場合も、勤務時間管理の対象となります。利用申請や勤務開始終了報告などルールを定め、浸透を図る必要があります。特にテレワークでも地公法上の職務専念業務があることについては徹底をしておくことが求められます。一方で、パソコンの遠隔操作により、厳格な在席管理を行う民間企業もあるようですが、過度に管理を強化することは意欲低下を招くとされています。

## （2）コミュニケーションの機会を意図的につくる

　テレワーク中の職員とは、チャット、WEB 会議を活用し、意識的にコミュニケーションの機会を設ける必要があります。なお、コミュニケーションの充実はテレワークの日に限った話ではなく、普段からの良好な関係性の構築も大切です。

## （3）人事評価を工夫する

　テレワーク中の人事評価には、「普段の仕事ぶりがみえない」という課題があるとの声があります。しかし人事評価は、行った仕事の量や質や、日頃のコミュニケーションにより進捗確認等で把握した能力の発揮

状況を踏まえて行うものです。決して、部下の行動全てを記録し、評価するものではありません。「テレワークだから評価が難しい」のではなく、普段からのコミュケーションや進捗状況の把握を着実に進めていくことが大切なのであり、このことを周知していく必要があるでしょう。

また、管理職が評価は迷わないようテレワーク中の職員を評価する際の着眼点を整理することも効果的です。例えば、テレワークの課題となりがちなコミュニケーション不足を補うような行動を評価の着眼点としてもよいでしょう。

### (4) 健康管理に注意する

テレワークでは、上司が部下の職員の心身の変調に気づきにくいという課題があります。このことから普段以上に部下とのコミュニケーションを充実させる必要があるでしょう。

また、自宅でのテレワークの場合には、作業環境の整備を職員自身が行うことが求められます。厚労省が発行した「自宅等においてテレワークを行う際の作業環境を確認するためのチェックリスト（労働者用）」を活用していくことも大切です。なお、令和3年度人事院勧告では、執務環境の整備に係る費用負担についての検討が進められていますので、注視していきましょう。

## ▶▶ 柔軟な勤務時間制度

柔軟な勤務時間制度には、主に次の3つの制度があります。

### (1) 早出遅出勤務

勤務時間の始業時刻を前倒し又は後ろ倒しし、1日の勤務時間の長さは変えない制度です。

例えば朝夕の保育園送迎を夫婦で分担している場合、夫（妻）が遅出で子どもを送り、妻（夫）が早出で迎えを担うといったケースで活用されます。他にも「朝早い方が仕事に集中できる」といった理由で早出を活用するケースもあります。

### (2) フレックスタイム制度

始業・終業時刻と勤務時間を、週当たり38時間45分となるように設

図表 55　早出遅出勤務のイメージ

（出典：人事院資料）

定する制度です。日々の勤務時間の長短が変更できる点で、早出遅出勤
務とは異なります。業務の繁閑に合わせ、柔軟に勤務時間が設定できま
す。他の日の勤務時間を長くし、週4日勤務とすることを認める自治体
も出てきています。

図表 56　フレックスタイム制度の活用イメージ

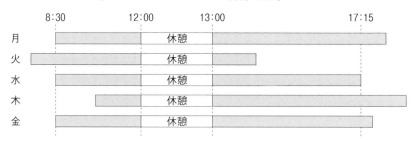

（出典：人事院資料）

### （3）休憩時間の弾力設定

　休憩時間について、職員の申出に基づき、「分割」「延長」「短縮」「追
加」の設定ができる制度です。勤務の開始や終了時間を調整することで、
勤務時間の総時間の変更はありません。

### （4）柔軟な勤務時間制度の浸透に必要なこと

　なお、柔軟な勤務時間制度下での働き方では、テレワークの推進と同
様、コミュニケーションの充実と、チームで業務を進める体制づくりが
大切になります。例えば、「グループウェア、スケジュールボードを活

用し業務の進捗状況の見える化を図る」「定期的に、一堂に会する時間帯を設ける」などの取組みがあるでしょう。

　また、人事担当者としても「他のメンバーへのフォローなどチーム全体への貢献行動を評価対象とする」などの評価制度上の工夫のほか、業務の繁閑状況を踏まえ、機能的に応援できる仕組づくり、所属同士でのノウハウが共有できる場づくりを行うなど、全庁的な取組みも今後より重要となってくるでしょう。

## COLUMN・3

# 自治体における新しい働き方の導入に必要な視点

　働き方改革や新型コロナウイルス感染症の拡大によって、テレワークが急速に普及し、そこにデジタル化の動きが相まって、オフィス勤務等の場所に制約されない働き方が広がりました。

　また、民間企業を中心に、「フレックスタイム」「週休3日」など時間制約がない働き方や、「副業促進」を通じて組織の枠を超えた働き方も広がっています。

　自治体現場においても、デジタル化により、資料作成やデータ処理などの定型的な情報処理系の仕事に加え、企画立案などの非定型的な仕事でも、新しい働き方に対応できるようになりました。また、窓口業務、現場業務、災害など緊急性を要する業務などについても、ソフト・ハード整備や改修を通じて、新しい働き方の導入の可能性が広がっています。

　一方で、新しい働き方を導入していくに当たって、忘れてはいけない視点があります。それは「他者との対話」です。

　自治体に求められるものは多岐に渡り、職員個人で対応するには限界があり、日々刻々と変化しています。職員と組織が行政に求められる変化に迅速に対応していくには、新たなアイディアを生み出し続ける風土を創る必要があります。元広告マンのジェームス・ウェブ・ヤング氏は、著書『アイデアの作り方』の中で、「アイデアとは既存の要素の組み合わせコンビネーション」であると述べたうえで、「既存の要素を組み合わせて新しいものを作りだす才能は、事物の関連性を見つけ出そうとする心の働きに依存することが大きい」としています。「他者との対話」は、この既存の要素を組み合わせたり、事物の関連性を見つけ出したりすることができる貴重な機会なのです。

　新しい働き方を導入すること、それ自体を目的とするのではなく、「他者との関係性をいかに保つか」に力点をおき、デジタル技術を活用していくことが、変化に対応できる組織作りにつながると筆者は思っています。

# 第 4 章

# 人事評価・人事異動に関わる仕事

本章では、人事評価と人事異動を取り上げます。人事評価では評価結果で処遇に差をつけるだけでなく、「組織パフォーマンス向上や育成」としての機能をどのように発揮させていくか、人事異動では、職員の希望と組織が求めることの双方をどのように実現していくかが大切です。そのような点を意識しながら、基本的な事項を把握しましょう。

# 4|1 ◎…なぜ 人事評価制度が 必要なのか？

## ▶▶▶ 人事評価とは、能力や業績により行う評価

　一般に、人事評価とは、「従業員の日常の勤務や実績を通じて、その能力や仕事ぶりを評価し、賃金、昇進、能力開発等の諸決定に役立てる手続き」とされています。地方公務員の人事評価については「任用、給与、分限その他の人事管理の基礎とするために、職員がその職務を遂行するに当たり発揮した能力及び挙げた業績を把握した上で行われる勤務成績の評価」とされ、平成28年4月から法律上に明記されています（地公法第6条第1項）。人事評価の実施方法は、各自治体によって様々ですが、おおむね以下の流れで行われています（図表57）。

図表 57　人事評価の流れ

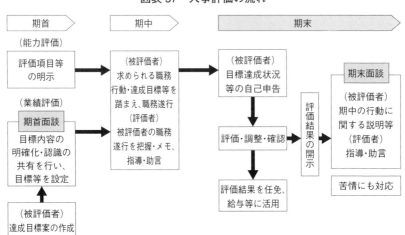

## ▶▶▶ 人事評価の目的は選抜・育成・コミュニケーション

　人事評価の目的は、次の３つがあります。

　第一に、任用、給与、分限などの職員の処遇を決める基礎とすることです。地公法では職員の任用は、受験成績、人事評価その他の能力の実証に基づいて行うという「任用の根本基準」が定められています。これは、職員の働きぶりによって処遇に差をつけ、インセンティブを与え、公平感をもった人件費の配分につながるので「選抜の論理」といわれています。

　第二に、定期的に、職員の強み・弱みを把握し、フィードバックすることで、能力開発につなげることです。職員に求められる能力がどこまで備わっているかを定期的に確認し育成につなげるので、これは「育成の論理」といわれています。

　第三に、上司と部下との間のコミュニケーションを図り、組織の目標の方向性を一致させ、組織パフォーマンス向上や組織文化醸成につなげることです。

　地公法では、「人事評価の基準や方法を定めること」「定期的に評価を行うこと」を求めているほか、人事評価制度の導入以前の「勤務評定」では明確化されていなかった、「評価者とのコミュニケーションでの面談、目標の共有化」「評価基準や結果の開示」を制度化し、これらの目的の達成を目指しています。


## ▶▶▶ 評価結果は様々な場面で活用されている

　評価結果は任免（異動・昇任）、給与（勤勉手当、昇給、昇格等）、人材育成に活用されています（**図表58**）。なお、実際の評価結果の活用の場面では、職位に重きを置き評価項目を変えていくことが一般的です。入庁初期の若手職員への評価では、これから組織に貢献するために伸ばしていく能力評価に重点を置きます。一方、管理職層への評価では、組織に貢献しているかどうかという業績評価に重点がおかれます。

　なお、人事評価の任用・給与等への反映についての具体的な活用サイ

クルは、**図表 59** をご覧ください。

図表 58　人事評価と任用・給与等への反映

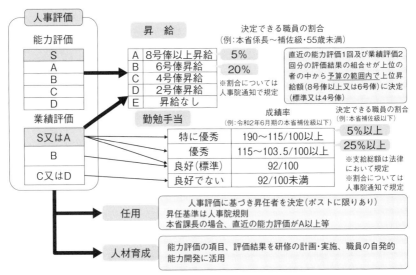

(出典：人事院ホームページ「人事評価」)

図表 59　人事評価の実施と評価結果の活用サイクル

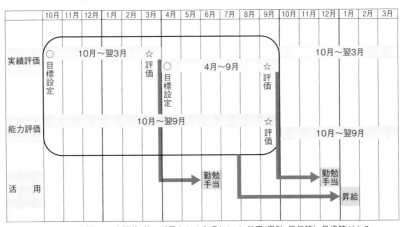

※定期的に行われる活用のみを記載。他に活用される事項として、任用(異動、昇任等)、昇格等がある。

(出典：人事院ホームページ「人事評価」)

# 4|2 ◎…人事評価は「何を」評価しているのか？

## ▶▶▶ 人事評価は「能力」と「業績」の2本立て

　人事評価は、職員がその職務を遂行するに当たり発揮した能力を判定する「能力評価」と、職員の職務の遂行により挙げた業績を判定する評価である「業績評価」の両面から行われます（**図表60**）。一般に能力評価は年1回、業績評価は半年に1回のペースで実施されています。

図表60　能力評価と業績評価

| 能力評価 | 業績評価 |
|---|---|
| 1年間の評価期間において、職務遂行に当たり発揮した能力を評価 | 半年間の評価期間において、職務遂行に当たり挙げた業績を評価 |

**能力評価**

1年間の評価期間において、
職務遂行に当たり発揮した能力を評価

（評価項目の例）地方機関課長

〈実施施策の立案〉
組織方針に基づき、地域の行政ニーズを踏まえた実施施策を立案する。

| ①行政ニーズの把握 | 地域の行政ニーズや事案における課題を的確に把握する。 |
|---|---|
| ②成果認識 | 成果のイメージを明確に持ち、新たな取組への挑戦も含め、複数の選択肢を吟味して最適な実施施策を立案する。 |

他に〈倫理〉、〈判断〉、〈説明・調整〉、〈業務運営〉、〈組織統率・人材育成〉等の評価項目がある。

**業績評価**

半年間の評価期間において、
職務遂行に当たり挙げた業績を評価

（目標設定の例）本府省係長

| 業務内容 | 目標 | 困難度 | 重要度 |
|---|---|---|---|
| 意見報告書案の取りまとめ | 意見報告書案を取りまとめるため、○○会議において○○基本方針の骨子についての一定の結論が得られるよう、○月までに論点の整理を行う。 | | ◎ |
| ○○の見直し | … | | |
| ○○の見直し | … | △ | |

通常、3～5個の目標を設定

原則として5段階［S、A、B（通常）、C、D］で絶対評価

（出典：人事院ホームページ「人事評価」）

業績評価だけでなく、能力評価との両面を評価している理由には次の3点があります。第一に業績評価は本人に責任のない外部要因によって、業績が大きく左右されてしまうこともあり、業績評価のみでは、意欲の低下を招くことです。第二に、短期的な業績向上に専念するあまり、長期的な組織利益を犠牲にしてしまう可能性があることです。第三に、短期的な実績のみに着目した評価では能力開発に必要な情報が得られず、人事評価の目的である育成の論理が期待できなくなることも挙げられています。

## ▶▶ 評価制度は仕事の流れから理解する

実際の人事評価の実務では評価者は、被評価者の日頃の仕事ぶりを評価のポイント（評価要素）に分類し、適切な評価項目にあてはめていくこととなります。この実務の流れを仕事の流れから理解してみましょう。図表61をご覧ください。一般に、仕事の流れは、「知識スキルを持っている人」が「知識スキルを使う」（インプット）、「仕事をする」（スループット）、「結果が出る」（アウトプット）という一連の流れとなります。

例えば、公共道路建設工事をイメージすると、用地交渉スキルを持っ

図表61　仕事の流れと評価要素および評価制度

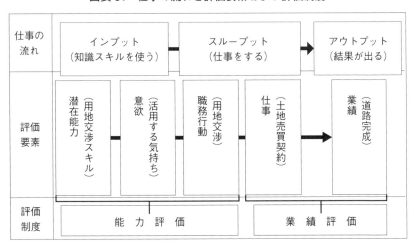

ている職員が、これらの交渉スキルを活用し、用地交渉を行い、土地売買契約を締結し、最終的に道路が完成するという流れです。

この場合には、**図表 61** のとおり、職員の持つ用地交渉スキルは「潜在能力」、それを活用しようとする気持ちは「意欲」、実際に買収交渉をする行動は「職務行動」、土地売買契約の締結ができたことは「仕事」、最終的な道路の完成は「業績」という評価要素が見られます。

そして、これらの評価要素を評価制度の評価項目にあてはめた場合、「潜在能力」・「意欲」・「職務行動」は「能力評価」の項目で、「仕事」・「業績」は業績評価の項目で、それぞれ評価することとなります。ここで気をつけてほしいこととしては、能力評価は、潜在能力及び意欲の部分も含まれていますが、「職務行動に現れて初めて評価される」ということです。ここの例でいうと、高い用地交渉スキルという潜在能力を持っている職員であったとしても、実際に交渉という職務行動を具体的に行わなかった場合は、評価対象とはならないということです。

自治体によっては、意欲を「情意評価」、職務行動を「コンピテンシー評価」、仕事を「職務評価」、業績を「業績評価」として、それぞれを分けて評価している場合もあります。人事担当者は、評価者から制度に関する質問を受ける立場として、自分の自治体の評価基準について、「仕事の流れの中で、どの部分を評価しているのか」を確認してみてください。

## ▶▶▶ 評価項目は職員の意識や行動変容に役立つ

能力評価の項目は、各職制上の段階の標準職務遂行能力を行動ベースに落とし込んだものです（**図表 62**）。

どの行動が評価されるかを示す評価項目は、職員の意識や行動の変容につながるものです。自治体によって定め方は様々ですが、業務効率化、WLB など個人の働き方改革に資する行動のほか、チーム全体に貢献する行動も含めるなど工夫をしている団体もあります。

## 図表 62　標準職務遂行能力と能力評価項目の関係

### 標準職務遂行能力と人事評価の関係

| 標準的な官職 | 標準職務遂行能力 | 人事評価（能力評価） |
|---|---|---|
| 職制上の段階・職務の種類（一般行政、公安、税務等）に応じ、政令で規定 | 標準的な官職ごとに、その職務を遂行する上で発揮することが求められる能力（内閣総理大臣決定） | 各府省庁は、内閣総理大臣との協議を経て、人事評価の規程を定め、標準職務遂行能力を踏まえた能力評価の評価項目を設定。 |

一般行政・本省内部部局等の例

**課長補佐の例**

[倫理]
国民全体の奉仕者として、担当業務の第一線において責任を持って課題に取り組むとともに、服務規律を遵守し、公正に職務を遂行することができる。

[企画・立案、事務事業の実施]
組織や上司の方針に基づいて、施策の企画・立案や事務事業の実施の実務の中核を担うことができる。

[判断]
自ら処理すべき事案について、適切な判断を行うことができる。

[説明・調整]
担当する事案について論理的な説明を行うとともに、関係者と粘り強く調整を行うことができる。

[業務遂行]
段取りや手順を整え、効率的に業務を行うことができる。

[部下の育成・活用]
部下の指導、育成及び活用を行うことができる。

**例**

**評価項目及び行動／着眼点**

【倫理】
1　国民全体の奉仕者として、担当業務の第一線において責任を持って課題に取り組むとともに、服務規律を遵守し、公正に職務を遂行する。
　①責任感　　国民全体の奉仕者として、担当業務の第一線において責任を持って課題に取り組む。
　②公正性　　服務規律を遵守し、公正に職務を遂行する。

2　企画・立案、事務事業の実施
　①組織や上司の方針に基づいて、施策や事務事業の実施の実務の中核を担う。
　②知識・情報収集　　業務に関連する知識の習得・情報収集を幅広く行う。
　③事務事業の実施　　施策の企画・立案を的確に把握し、事務担当者の中核となった事務事業の実施の中核を担う。
　④成果認識　　施策のイメージを明確に持ち、複数の選択肢を積極的な判断を行う。

【判断】
3　自ら処理すべき事案について適切な判断を行う。
　①役割認識　　自ら処理すべきこと、上司の判断に仰ぐべきこと、他に振り分けること、自分の役割とすべき事や責任を的確に押さえながら事案に取り組む。
　②適切な判断　　担当する事案について適切な判断を行う。

【説明・調整】
4　担当する事案について論理的な説明を行うとともに、関係者と粘り強く関係を構築する。
　①信頼関係の構築　　他部局や他省庁のカウンターパート、関係者等と粘り強く調整を行う。
　②説明　　論点やポイントを明確にするとともに、論理的かつ主張すべきを点はぶれずに業務を行う。
　③相手の意見を理解・尊重するとともに、主張すべきを点は主張し、粘り強く対応する。

【業務遂行】
5　段取りや手順を整え、効率的に業務を行う。
　①段取り　　段取りや手順を整え、効率的に業務を進める。
　②柔軟性　　緊急時、見込・見通しが変化した時など状況に応じて柔軟に変化する。
　③業務改善　　作業の取捨選択や事務の見直しなどにより業務の改善に取り組む。

【部下の育成・活用】
6　部下の指導、育成及び活用を行う。
　①部下の育成　　部下の育成のため、的確な指示やアドバイスを与える。
　②部下の育成　　部下の育成のため、的確な指示やアドバイスを与えるとともに、問題のあることは適切に指導する。

## ▶▶業績評価は設定した目標に基づいて行う

業績評価は、目標管理に基づく仕組みで実施されています。

目標設定は、上位目標を職位や役割分担に応じた目標を踏まえブレークダウンする方法と、部下職員が自らの業務内容を踏まえ目標を立てボトムアップする方法とがあります。

目標設定の際には、「組織目標との整合性があるか」「職位にふさわしいか」「事後に成否が判断できるか」「できるだけ具体的な内容か」を踏まえ、業務の難易度や職員の状況に応じて定めていく必要があります。以下に、事由別の目標設定の考え方を示していますので、参考にしてください（**図表63**）。

図表63　事由別の目標設定の考え方・例

| 事由 | 設定する目標の考え方・例 |
|---|---|
| 短期で成果が出せない業務 | 中長期的な成果を意識した評価期間における到達水準の目標<br>例）来年度に〇〇事業の見直しができるよう、〇月末までに現行〇〇事業の評価資料を作成し課題を洗い出す。 |
| 期首の段階で具体的な目標が定められない業務 | 期首の目標は抽象的なものとし、期末に成果を検証<br>例）〇〇事業について、△月までに長期継続箇所、新規着手箇所に重点的な配分となるような計画を取りまとめる。 |
| ルーティン業務 | 効率化や業務改善など重点事項、留意事項に着目し目標設定<br>例）〇月までに執行内容について把握・分析・問題点の把握の上、積算の見直しを行い、〇〇年度の概算要求に反映 |
| 係員層 | 担当業務を確認し、組織への貢献面に着目した目標や能力の伸長面に着目した目標も設定。期末に振り返り型で評価<br>例）△月までに、審査に係る事務手続及び審査手順を覚え、審査全体の時間を短縮する。 |
| 休業取得等により従事期間が短い場合 | 具体的な目標を定めず、業務遂行に当たっての重点事項を明確化し、期末に振り返る形で評価することをあらかじめ確認<br>例）〇〇業務に係る現状と課題を把握する |

（出典：人事院・内閣人事局「人事評価マニュアル」）

# 4|3 ◎…人事評価の効果を 高めるポイント

## ▶▶▶ 公正な人事評価を確保する

　人事評価は任用、給与等の人事管理に活用されるものであり、公正に行われなければなければなりません（地公法第23条第1項）。このため、制度を運用する人事担当者として、次の取組みが求められます。

### （1）手続きの公平感を確保する

　人事評価制度に対する信頼性を確保するため、職員に「公平に評価が行われている」という気持ちをもってもらう必要があります。具体的に次のような取組みが挙げられます。

---

　［公平感を確保する取組みの例］
　・評価項目及び行動等をあらかじめ明示しておく
　・複数人で評価するなど、評価の多層化を図る
　・上からの評価だけでなく部下や同僚からの評価も判断に加える
　・評価決定への参画意識を高める、評価結果を開示する
　・評価に関する苦情を受け付ける制度を設ける

---

### （2）人事評価の基本原則を知る＆知らせる

　人事評価を公正に行うための基本原則には「事実評価の原則」「評価期間独立の原則」「評価基準に基づく評価の原則」があります（**図表64**）。

　制度を運用する人事担当者には、評価者が基本原則に則り、評価できるよう、「仕組みを整える」「評価者からの相談にのる」「評価結果をチェッ

図表64　評価の基本原則

| 名称 | 内容 |
|---|---|
| 事実評価の原則 | 想像や憶測ではなく、客観的な業績や職務遂行上の行動等の事実に基づき評価を行うこと |
| 評価期間独立の原則 | 過去の業績や勤務時間外の行動等にとらわれることなく、評価耐用期間の職務遂行の状況や結果に基づき評価すること |
| 評価基準に基づく評価 | 評価基準に照らして評価を行うこと（評価基準にない項目は評価しない） |

クする」ことが求められます。また、評価される職員についても、これらの原則に則り自身が評価されているかを十分に認識できるよう、階層別研修等の機会を通じて理解を促していくことも大切です。

## （3）評価者の評価能力向上を図る

評価者が適切に評価を行うために、評価者訓練等を実施することが不可欠です。制度の目的、進め方、評価項目の説明に加え、評価エラー（図表65）への注意を促す内容とすると効果的です。また、グループ討議、面談ロールプレイ等の演習を中心とした手法や、e-ラーニングを用いて反復学習（定期点検）する機会も大切です。

図表65　評価者が陥りやすい評価エラー

| 傾向 | 内容 | 対応策 |
|---|---|---|
| ハロー効果（イメージ効果） | ・被評価者に対する全体的な印象から、あるいは何か一つの印象から個々の特性を同じように評価する傾向 | ①個々の特性を区別して評価すること<br>②思いつきや感情によって評価することなく、被評価者の具体的な行動事実を取り上げること<br>③評価項目の内容に即した具体的事実により、評価をすること<br>④一つの事実は、一つの評価項目だけで評価し、他の評価項目で評価しないこと |
|  |  | ①部下に対して厳しく批判することをためらわないこと |

| | | |
|---|---|---|
| 寛大化傾向 | ・ややもすると甘い評価をしてしまう傾向 | ②成績を見分けることについての自己の評価能力を身につけ、自信を持つこと<br>③「評語等の解説」に照らし、自身の評価目線が甘すぎないかを確認しつつ評価すること |
| 厳格化傾向 | ・評価が一般に基準以上に辛くなる傾向 | ※寛大化傾向と表裏をなす |
| 中心化傾向 | ・大部分について「普通」や「平均的」と評価し、優劣の差を付けることを避ける傾向 | ①良し悪しをしっかり判断できるように、十分に被評価者についての具体的事実を知ること<br>②「寛大化傾向」の①〜③に準ずる |
| 論理的錯誤 | ・評価する段階で自分の論理を持ち込み、関連がありそうな評価要素に同一あるいは類似した評価をする傾向 | ①評価要素ごとに何を評価するのか、その区別をはっきりと認識して行うこと<br>②制度上の取決めを良く理解すること |
| 対比誤差 | ・自分の能力を基準にして評価する傾向・自分の得意な分野は厳しく評価し、苦手な分野は甘く評価してしまう傾向 | ①被評価者に期待すべきところを十分に確認すること<br>②自己を基準に置かず客観的事実に基づき評価すること |
| 逆算化傾向 | ・処遇（全体評価）から逆算して評価をつくり上げる傾向 | ①被評価者の行動の評価に当たって、処遇は考慮しないこと<br>②具体的行動の分析を経て、評価を行うという手順を踏むこと |

（出典：人事院・内閣人事局「人事評価マニュアル」）


## ▶▶ 面談の場を充実させよう

　人事評価プロセスに組みこまれている面談の場は、組織パフォーマンス向上を達成するための重要な機会です。期首面談は目標等の認識の共有を図る機会であり、期末面談は、期中の振返りをうながし、職員の成長につながります。

　ただ、この面談の場を充実させるには、評価者である上司にもかなりの面談スキルが必要となってきます。そのため、人事担当者としては、

面談前の整理すべきポイント、説明の順序などをまとめた面談シナリオの作成など、面談の場を充実させるための管理職への情報の提供が必要です。

なお、評価面談以外の場面でも普段からコミュニケーションの充実を図ることが大切です。

評価のときにだけ、「あの時はこうするべきだった」とアドバイスを受けても、部下にとっては「どうしてその時言ってくれなかったのですか？」と不満に感じられてしまいます。民間企業では、上司と部下が一対一で、評価面談よりも短い間隔で定期的に対話を行う「1on1」という手法も活用されています。一部自治体でも導入が始まっているため、参考にしてみてください。

## ▶▶▶ 人事評価のこれからを理解する

また、人事評価制度については、制度自体は定着しているものの、評価作業が煩雑で、パフォーマンスの向上や人材育成等に役立っている実感に乏しいといった課題が官民問わず存在しています。民間企業の中には、従来の目標管理による人事評価でなく、評価結果のランク付けを廃止する「ノーレイティング」と呼ばれる手法をとる企業があるほどです。

このような中、令和3年3月には、内閣人事局において、「人事評価の改善に向けた有識者検討会」による報告書が公表され、今後の国家公務員の人事評価の方向性が示されました。この報告書は、現在の人事評価に係る課題に対応し改善を図るもので、この内容を踏まえ、令和3年10月から国家公務員の人事評価の運用が一部見直されています（**図表66**）。

人事担当者は、自身の自治体の人事評価制度を理解し着実な運用を行うことに加え、働き方改革や定年引上げなどの変化等も踏まえた、制度の改善を常に図っていくことが求められます。内閣人事局のホームページには、報告書のほか、新たな「人事評価に関する留意事項」「面談ガイドライン」「人事評価マニュアル」も掲載されています。是非これを参考に制度の運用と改善に役立ててください。

図表66 「人事評価の改善に向けた有識者検討会」の内容

| 1. 人材育成・マネジメントを強化するための組織改革・育成ツールとして活用するため次のことを進める | |
|---|---|
| 非管理職 | ・職員の「強み・弱み（秀でている点・改善点）」について、人事評価記録書に記載欄を設けて明確に把握<br>・職員の挑戦的な取組や自発的な貢献、効率的な業務遂行などのプロセスについて、広く「業績」として承認・評価<br>・上司による面談実施を徹底し、面談で具体的にフィードバック<br>・キャリア形成支援の取組等と併せて、上司と人事当局が連携して成長を支援 |
| 管理職 | ・長時間労働抑制に向けた業務改革や人材育成など、重要なマネジメントの要素の評価に重点化<br>・マネジメント不十分な管理職は他の能力が優れていても高い評価は行わない仕組み |
| 2. 一部の評語が大きな塊となり、識別性が弱く活用しにくい課題があるため、職員の能力・実績をきめ細かく的確に把握 | |
| 改善策 | ・評語区分を刷新し、6段階に細分化<br>・バランスの取れた評価になるよう、上位の評語付与には各職位の望ましい行動を大きく上回るなど極めて高い水準を求める<br>・曖昧な『「通常」より上か下か』など、印象に基づく評価を廃し、具体的な行動例を基準に様々な能力や成果・貢献を客観的に把握し、全体評語に的確に反映<br>・評語分布を継続的にフォローし、必要に応じ改善 |
| 3. 確実で実効性ある評価のための手続（簡素化・効率化など）<br>煩雑・非効率な作業や人事管理への使いにくさの課題がある。 | |
| 改善策 | ・人事評価を含む人事管理の情報システム化を推進し、組織全体の状況を分析可能とし、各職員の成長を継続的にフォロー<br>・法令遵守、ハラスメント防止、働き方改革等に関する留意事項（多数の通知類）が確実に評価に反映されるよう、整理・統廃合<br>・多様な職場実態にあわせ、各府省で独自の工夫を行える仕組みとする |

# 4 4 ◎…人事異動は どのような仕組み なのか？

## ▶▶▶ 人事異動は様々な要素が絡んでいる

　日本の組織では、職員の特性や能力に見合った仕事を配分する「適材適所」と、職務を通じて職員を育成する「能力開発」の視点から、定期的な人事異動を行う慣行があり、多くの自治体では、毎年4月1日に一斉の人事異動が行われています。

　人事異動を行う理由としてよく挙げられるものとして、「各所属がバランスのとれた人員を確保する業務上の必要性」「職員の能力開発」「人員入替えによる組織の活性化・不正防止」があります。

　人事異動の検討の際は、市政方針や社会情勢の変化に伴う組織改廃、各所属の定員の増減、退職による欠員状況や職員の個人的な事情などを把握することから始まります。そして年末にかけて人事担当課が各所属から行うヒアリングや職員からの希望を踏まえて検討された後、配置先が決まり、内示、発令されるとの流れが一般的です。

## ▶▶▶ 地方公務員の人事異動の類型を理解しよう

　自治体の人事異動には、地公法上で規定される基本類型のほか、慣行や法令に基づく類型があります（**図表67・図表68**）。

　まずは、それぞれの類型を正確に理解し、適切な発令ができるようにしましょう。

図表 67　地公法で規定される任用の基本類型

| 任用の種類 | 内容 |
|---|---|
| 採用 | 職員以外の者を職員の職に任命すること |
| 昇任 | 職員を上位の職制上の段階に属する職に任命すること |
| 降任 | 職員を下位の職制上の段階に属する職に任命すること |
| 転任 | 職員を職員が現に任命されている職以外の職に任命することで、昇任、降任に該当しないこと |

図表 68　慣行や法令に基づく任用の類型

| 種類 | 内容 |
|---|---|
| 兼職 | その職を保有したまま他の職に任命されること（併任又は兼務）<br>・他の執行機関の職員を兼ねる（自治法 180 条の 3）<br>・他の地方公共団体の職を兼ねる（自治法 252 条の 17） |
| 充て職 | 法令等の規定により職員が他の一定の職を占めること。任命行為は不要で、本来の職に任命すれば、自動的に職を兼ねる |
| 事務従事 | 職員に対して他の職の職務を行うことを命じることなど簡便な組織間の相互応援として活用され、職務命令を発令 |
| 事務取扱<br>事務心得 | ある職の職員が欠員となったり、病気により勤務を欠く場合、暫定的にその職の事務を命じるもの<br>・事務取扱…上位又は同位の職の者に発令されるもの<br>・事務心得…下位の職員に発令されるもの |
| 出向 | 任命権者が他の任命権者の機関に任命されることを命じ、当該他の任命権者が新たな任命の発令を行うこと。 |
| 職員派遣 | 一般社団法人等、自治体の条例で定められた団体に、職員を派遣すること（公益法人等への一般職の地方公務員の派遣等に関する法律第 2 条第 1 項に基づく派遣） |
| 退職派遣 | 自治体が出資する株式会社のうち、自治体の条例で定められた団体に、職員を派遣すること（公益法人等への一般職の地方公務員の派遣等に関する法律第 10 条第 1 項に基づく派遣） |

## ▶▶▶ 人事異動の「ヨコ」と「タテ」の動きを理解しよう

　人事異動には、業務内容の変更が伴うヨコの動きと、職位の変更を伴うタテの動きがあります。

　ヨコの動きとしては、「同一の業務分野の部内から職場を変わるもの」と、「業務分野を越えて職場を変わるもの」があります。例えば、本庁の市民窓口担当者から出先の市民窓口担当者となることは同一職能分野内での異動です。他方、窓口部門から内部管理部門への異動は、異なる職能分野への異動です。また、所属の変更を伴わず、職務の割り当てを変更する場合もあります。一般に、資格専門職などを除く一般行政職の職員は、新規採用された後、一定の期間は異なる職能分野へのジョブローテーションを通じて、職務を通じて仕事を覚え能力を向上させていくこととなります。令和2年度に行われた人材育成等に関する調査結果におけるジョブローテションの実施割合は、都道府県91.5%、指定都市95.0%、市区町村34.2%でした（出典：地方公共団体における人材マネジメント方策に関する研究会（第1回））。

　次に、職位の変更を伴うタテの動きとして、職員を上位の職制上の段階に属する職に任命する「昇任」があります。地公法上、職員の昇任は、任命権者が、職員の受験成績、人事評価その他の能力の実証に基づき、昇任させようとする職に係る能力・適性を判断するために、昇任試験又は選考の実施が求められています（地公法第21条の3、第21条の4）。

　この昇任の運用方式には、大きく「卒業方式」と「入学方式」があります。まず、「卒業方式」とは、現在の職又は級に要求される職能のレベルを十分満たしたことを判定し、昇任させる方法です。例えば、「もうすでに主事の力量は身に付けたので、主任に昇任させて、よりレベルの高い主任の能力を身に付け・発揮してもらおう」という考え方です。

　この場合、「現在の級に求められる能力を満たしているか」を判定することが求められます。具体的な実務では、級別資格基準にある在級年数を経過した職員に関し、勤怠、研修の履行、人事評価結果から判定します。なお、選考の際は、所属長の意見を参考に決定する自治体もあります。

一方「入学方式」とは、昇任させる職に定員を定め、上位の級の職を担うだけの職能や適性があるか判定して昇任昇格させる方法で、管理職への昇任のように、役割が現在の職と大きく変化する場合に選択されます。入学方式では、在級年数等の資格を満たした職員のうちから、筆記試験、面接試験、上司からの意見などを踏まえて、能力・適性・意欲により順位づけされ選抜されます。

　地公法上、人事委員会を置く都道府県や政令市では「昇任試験」により昇任者を決定することが原則ですが、実務上、管理職や係長などのポスト職には「入学方式」、下位の職位、例えば主任以下までの職位については「卒業方式」をとる自治体が多くなっています。

## ▶▶▶ 人事異動を自治体の枠を超えて考えよう

　人事異動には、他団体との連携・交流、災害時等の相互応援、広い視野に立った人材育成を図る観点から、自治体組織の枠を超えた異動も行われています。異動先は、国、他の自治体、民間企業などがあります。

　それぞれの目的や派遣先により、期限付きの転籍である割愛採用、自治法上の派遣（第252条の17）、研修員など、それぞれ法的根拠や派遣先での身分取扱いが異なります。

　また、受け入れについても同様で、特に、近年、国や民間企業から、特定の行政課題を解決する能力を持つ人材を受け入れることも行われています。受入れについても、任期付職員、割愛採用、研修生などの様々な手法があります。

　生産年齢人口の減少に伴い、官民ともに人手不足が全国的に深刻化しています。特に、技術職員、保健師、ICT人材等の専門人材を十分に確保することが困難になっていることは、人事担当者の皆さんも肌で感じることとなるでしょう。

　今後は他自治体や国のほか、民間企業まで視野を広げて、人事異動を考える時代が近づいています。

　まずは派遣や受け入れの手法について知識を深めてください。

## ▶▶▶ 人事異動の実務上のポイントを押さえよう

### （1）人事異動のルールを理解しておく

　人事異動は、職員の働く場の変更であり、また、職員のキャリアに大きな影響を与えます。任命権者には人事権の裁量は認められていますが、一定の限界があります。一般的には、「採用時に職場や職種の限定がある場面は異動させられない」「妊娠中や障がいのある者への配慮が欠けた配置をしない」などが挙げられます。そのほか、それぞれの自治体での人事異動のルールを事前に確認しておきましょう。

### （2）人事異動の方針は明文化しておく

　自治体によって異動年数や異動範囲などの方針は様々です。これらの方針は明文化しておくことが大切です。そうすることで職員が、担当業務の習得の目標設定やキャリアの見通しを立てられますし、所属長も各職員への計画的な職務の割当てが可能となります。自治体の中には人材育成基本方針に人事異動に関する基本的な考え方や異動年数を示したり、年度ごとに人事異動方針を公表している団体もありますので、確認してみましょう。

### （3）職員の能力開発の段階を意識する

　職員の能力開発の段階に応じて人事異動を検討する必要があります（図表69）。こちらについても、自治体で示されている人材育成基本方針を確認しましょう。

図表69　職員の能力開発の局面と異動の考え方

| 項目 | 時期 | 異動の考え方 |
|------|------|------|
| 育成期 | 新規採用後10年程度 | 職員の適性を見極める期間<br>→一定間隔で異なる職能分野への配属 |
| 拡充期 | 30代〜40代前半 | 職員個々の得意な職能分野についての能力を更に拡充する時期<br>→得意分野や本人の意向を踏まえ配属 |
| 発揮期 | 40代前半〜定年まで | 培ってきた能力を組織に還元する時期<br>→過去に経験した職能分野内での配置が主となる。管理職は異なる分野への配置もある。 |

（稲継裕昭『プロ公務員を育てる人事戦略』ぎょうせい　を基に著者作成）

## （4）業務の特性を固まりで理解する

　自治体の仕事は、多種多様であり、適材適所、職員の希望、育成方針を踏まえた配置を実現するためには、それぞれの業務の特性を理解しておくことが大切です。例えば、各所属の仕事内容について、「仕事のどの部分を担うものなのか」「仕事で扱う対象は対人、データのいずれが中心か」「仕事の対象はどのような人か」「仕事の難易度、量はどうか」などの側面で考えていくとよいでしょう。

　「仕事のどの部分を担うものなのか」という点では、行政の仕事の大きな流れを考えてみてください。一般に、行政の仕事は、「社会情勢からくる行政需要の解決や法に定められた手続きを行うための仕組みを作る」（企画）→「作った仕組みを周知する」（周知啓発）→「要件に合致するか判定する」（認定）→「義務を課す又は給付する」（実行）の流れになります。この大きな流れの中で、各所属の業務がどの部分を担当しているのかを整理することで、求められる能力や得られる能力をイメージすることができるのです。

## （5）職員の構成、関係性にも注目する

　人事異動の検討では、職員構成、関係性にも気を配りましょう。検討の際には、「個人の能力」に注目しがちですが、自治体の業務は、メンバー間の協力のもと進めていくものであり、一人で完結できる仕事はほとんどありません。そしてチームで仕事を進めていくには、メンバー同士の関係性も大きく影響するのです。

　更には、業務の継続性という観点からも、仕事に関する知識が一人に係る「属人化」は避けなくてはなりません。したがって、人事異動を考える際には、所属内の職位、経験してきた職務内容、スキル、年齢層などのバランスを整えていく視点も大切です。

# 4 | 5 ◎⋯職員の希望を 尊重した 人事異動施策

## ▶▶ 自己申告制度 ～異動に希望を反映できる制度～

　人事配置の目的である、適材適所、組織活性化、能力育成を実現するため、多くの自治体では、職員の希望を収集する「自己申告制度」が活用されています。また、一定の職務について職員からの希望を募る「公募制度」も活用されています。

　自己申告制度とは、キャリアや仕事に関する職員の希望についての情報を収集し、実際の人事異動に役立てるものです。多くの自治体では「自己申告書」という様式を独自に定め運用されています。

　自己申告書の提出は、上司を介さずに直接人事部門に提出される仕組みと、提出された内容について上司が面談で詳細を聞き取り、その結果を人事ヒアリングの際に人事部門に報告する仕組みがあります。

　自己申告書制度には、大きく3つのねらいがあります。

　第一に、職員の希望を人事異動に反映することでの「動機づけ効果」です。特に本人の申告がなくては把握が難しい、「他部門への異動希望」「家庭の個別事情」「健康状態」などの情報は、配置を検討する人事担当者にとって貴重な情報となります。これらの情報により希望がかなった職員はモチベーション高く仕事に取り組むことができるでしょう。

　第二に、自己申告書を作成することでの「内省の機会の提供」です。毎年、決まった時期に「これまでの職務経験で自分に出来ること（CAN）」「現在、組織や所属で求められていること（MUST）」「自分が今後やってみたい職務（WILL）」を整理しまとめることで、職員が自らのキャリアを主体的に考える機会となることが期待されます。

　第三に、職場内のコミュニケーションの活性化効果が挙げられます。

自己申告書の提出時の面談や、人事評価の面談等を通じて、職員の異動希望の一定の把握が行われています。部下の仕事とキャリアに関する意向の把握機会が作り出されることで管理職による部下への支援の足掛かりになるでしょう。

## ▶▶ 自己申告制度の運用の 3 つのポイント

　自己申告書のねらいをより効果的に機能させていくうえでは、次の 3 つがポイントになります。

### (1) 秘密は守る

　第一に、「自己申告書で知ったことは絶対に漏らさないこと」です。当然のことですが、自己申告書は、職員が自分の希望をありのままに書くことのできるようにしておく必要があります。特に人事担当者に直接提出されるという運用をしている場合には、自己申告書の内容は「上司には直接言いづらい職員の本音」が書かれています。これらの情報は、人事部門の中でも、「誰までは共有すべきか」ということも明確にルールづくりをし、担当者同士で共有しておきましょう。

　なお、自己申告書の中に職場服務上の問題やハラスメントに係る申告についての記載がされている場合には、上司からの許可を受け、秘密の保持に配慮しつつ、申告者に直接連絡し状況を把握することも必要です。

### (2) 申告内容を最大限活かす努力をする

　第二に、申告内容は活かす努力をすることです。申告内容はすべて実現されるとは限りません。ただ、申告内容が全く加味されないことが続くことは、職員の意欲低下を招くとともに、自己申告書を記入することを軽視する風土となりかねません。

　ただ、一方で、「職員自身が考える自らの適性や能力、希望」「組織や所属が当該職員に求めている役割、評価」「当該職員に関して人事部門が得ている情報」が必ずしも一致しないこともあります。このような場合には、「職員や所属が求める方向性に沿った異動を検討すること」や「異動後に対話を通じたフォローすること」等を行い、納得性を高める努力をしましょう。

## （3）自己申告書を書く際の羅針盤を用意する

　第三に、自己申告書を書く際の羅針盤を用意するということです。例えば、各職場では「どのような目標を掲げ、どのような職員を求めているのか」「どのような仕事をするか」「どんな能力や資格を求められているか」「働く時間の長さ」などの情報を周知していくことが効果的です。詳しくは、第7章に紹介する福島県郡山市での事例をご覧ください。

## ▶▶▶ 人材公募制度　〜自ら配置先を希望する制度〜

　人材公募制度とは、仕事を明示してその仕事に従事したい職員を広く募集する制度で、応募職員の中から、その仕事に最も適していると考えられる職員を選抜する制度です。新しい事業分野、所属を横断するプロジェクトチームメンバー、国や民間企業などの庁外の組織への派遣者などの募集などで活用されています。

　人材公募制度の目的は大きく二つあります。

　一つめは、人材発掘の手段として活用するためです。例えば、デジタル技術の推進事業などの新たな分野での事業を行う際には、その事業を担える ICT に詳しい人材が必要となりますが、既存の事業内容を前提とした人事情報ではその人材を探し出すことは困難です。この制度は庁内の隠れた人材を掘り出すために活用できます。

　二つめは、職員のやる気を高めるためです。職員に自ら担当する仕事の選択機会を与えることにより、仕事への意欲を高めるようにするものです。言い換えると、「自分で選んだ仕事をすること」で、仕事の意欲が高まるということです。また、新たな仕事に選抜されるよう努力するようになり、更なる能力アップを図る動機付けにもつながっていくことが期待できます。

## ▶▶ 公募制度の効果を高めるために

　人材公募制度の効果を高めるために、次の3点に気をつけましょう。

### （1）職員が自由で積極的に応募できるようにする

　公募制度を機能させるためには、上司や同僚に気兼ねなく応募できるようにしていく一定の配慮が必要です。また、公募先での仕事がイメージしやすいよう具体的に例えば、提出に上司の許可・報告を求めないなどの運用が考えられます。仕事をわかりやすく明示することも大切です。

### （2）制度への理解を促進する

　公募制度の運用によっては、応募職員が異動することで所属の組織力が低下したり、最終決定まで上司に応募の事実が明かされないなど、部下の応募が歓迎されないケースも想定されます。こうした状況とならないよう制度の趣旨を繰り返し説明することに加え、応募できる職員の範囲を組織運営に支障のないよう要件を工夫することも求められます。

### （3）人選に漏れたメンバーにもフォローする

　人選に漏れたメンバーには、応募の事実を公表しないように配慮することに加え、人選の経過をしっかりと説明する、キャリアを相談する場を設けるなどの丁寧なフォローも求められます。

# COLUMN・4

## 職員の希望を尊重する施策を進める意義

　人事異動に職員の希望を尊重するための施策として、自己申告書は多くの自治体で実施されていますが、人材公募制度の活用は限定的です。

　その理由として、「自治体の幅広い業務を担う人材育成が難しくなる」「職員が配置を希望する部署に偏りができ、不人気部署への人員配置が難しくなる」などの理由が挙げられます。

　一方、職員からは、数年ごとに「転職」に近い形で職務が変更される人事異動について、業務の継続性の確保や専門性の向上が難しいなど、否定的な声もあります。また、近年、公務員にも仕事の具体的な内容や範囲を決め、職務に対して給与を決める「ジョブ型雇用」を進めるべきという意見も出てきています。

　このジョブ型雇用については、職務に応じた給与を払うので年功賃金にならないというメリットがある一方で、職務が変わらない限り給与は増えない、職務がなくなれば雇用喪失にもつながるという課題も含んでいます。能力に応じて給与が決まる職能給を基本とした公務員の給与制度との整合性を図るには、一定の工夫が必要であり、すぐに実施は難しいのではないでしょうか。

　さて、キャリア理論では、人生は様々な転換（転機）の連続からなりたっており、それを乗り越える努力と工夫を通してキャリアが形成されるものとされています。

　職員がキャリアを積んでいく過程では、様々な転機があるでしょう。そして、働く場所、仕事内容、人間関係全てが変わってしまう人事異動は、「人生の転機」といえます。

　そして、人事担当者の大きな役割として「人生の転機」を迎えた職員が、異動を納得の上、前向きにとらえてもらうことがあります。そのためには、何ができるでしょうか？

　具体的には、組織と職員の双方の「対話」が必要ではないかと思い

ます。

　組織側からのアプローチについては、例えば、ポジションごとに求められる役割を「みえる化」し、組織及び職員の双方向から確認できるようにすることです。こうすることで、職員にとっても、現在の自らの能力・スキルと希望するポジションで求められる能力・スキルとを照らし合わせができます。

　例えば、第7章で紹介する福島県郡山市が行っている、各所属で求められる人材像を1枚のシートにまとめ庁内で周知する取組みがあります。

　また、人事システム上で、人事担当者から職員に対し異動に関する期待を沿えたメッセージを送付するなどの対話の機会を設けている自治体もあります。

　一方で、職員自身が自らの能力や経歴を振り返る機会を設ける取組みも重要です。第7章で紹介する豊田市では、職員にこれまで経験してきた経歴職務内容の一覧を職員に渡し、希望を聴く取組みも行われています。

　今後職員の働くことへの意識はますます多様化していきます。

　これまで行ってきた自己申告書や人材公募に加え、「組織がどのような人材を求めているのか」「今回の異動は（異動しないことは）何を求めたものか」「自分がどのような能力をもっているのか」を、相互に「対話」できる機会を持つことは、これまで以上に、納得感の高い人事異動の実現のために必要になるのではないでしょうか。

# 職場環境・服務・労使関係に関わる仕事

近年、メンタルヘルスやハラスメント防止に関する対策など働きやすい職場環境の整備が、ますます重要となっています。本章では、職場環境向上に関する施策、職場の服務規律の確保策、労使関係について取り上げます。

# 5 | 1 ◎…メンタルヘルスに配慮した職場環境のつくり方

## ▶▶▶ 自治体でもメンタルヘルス対策が重要

　職員の数が減少する中、職員一人ひとりに求められる役割や責任が一層高まっています。そのうえ、新型コロナウイルス感染や自然災害への対応、行政サービスの相手方からの不合理な要求への対応等などの心身の負担も増大しています。このように、職場の環境がますます厳しくなる中で、メンタルヘルス（心の健康）に不調をきたし、療養を余儀なくされるケースは年々増加傾向にあり（**図表70**）、メンタルヘルス対策を充実させることは、喫緊の課題となっています。

図表70　公務員の疾病分類別長期病休者率（10万人率）の推移

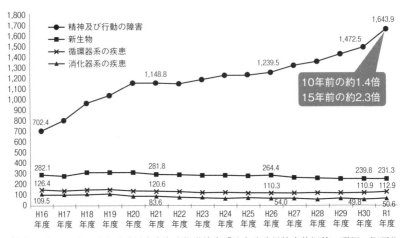

（出典：一般財団法人地方公務員安全衛生推進協会「地方公務員健康状況等の現況の概要」）

## ▶▶▶ メンタルヘルス対策の前提「安全衛生管理体制」

メンタルヘルス対策の前提として、安全衛生管理体制の整備があります。自治体を含む事業主には、職員の健康管理や安全配慮義務の履行、職員のメンタルヘルス不調の予防等などの措置を講ずることが、労働安全衛生法（以下「安衛法」という。）で求められています。

この法律には、安全衛生管理体制や安全衛生活動が定められ、地方公務員にも原則適用されます。この安全衛生活動の一つには、職員のメンタルヘルスの実態を把握するストレスチェックなども義務付けられています（**図表71**）。

**図表71　安全衛生管理体制**

| 衛生管理者 | 労働者の健康の保持増進に関して、教育研修の企画及び実施、職場環境等の評価と改善、相談体制づくりを行う。 |
|---|---|
| 産業医 | 職場環境等の改善、教育・相談その他労働者の健康の保持増進を図るための措置のうち、医学的専門知識を必要とするものを行う。 |
| 衛生委員会 | 衛生管理者や産業医等により構成され、労働者の健康の保持増進を図るための対策等を調査審議する。 |

【事業主が行う安全衛生活動】
(1) 健康診断の実施、保健指導、就業環境の改善（安衛法第66条）
(2) 長時間労働者への医師による面接指導等（安衛法第66条の8）
(3) 労働時間の状況の把握（安衛法第66の8の3）※管理監督職も含む
(4) 心理的な負担の程度を把握するための検査等（安衛法第66条の10）
(5) 作業環境測定（安衛法第65条）
(6) 事故報告・死傷病報告（安衛法第100条第1項）

## ▶▶▶ メンタルヘルス対策の全体像

職場でのメンタルヘルス対策の全体像については、安衛法に基づく「労働者の心の健康の保持増進のための指針」（以下「指針」という。）が策

定されています。

この指針では、メンタルヘルス対策を一次予防対策（未然防止）、二次予防対策（早期発見、早期対応）及び三次予防対策（職場復帰、再発の防止）に区分し、次の「4つのケア」を掲げています（**図表72**）。この4つのケアを実践することで三段階の対策がカバーされ、職場全体での対策を可能にします。

図表72　メンタルヘルス対策の4つのケア

| ケアの段階 | 担い手 | 具体的な行動 |
|---|---|---|
| セルフケア | 職員自身 | ・ストレスへの気づき<br>・ストレスやメンタルヘルスに対する正しい理解<br>・自発的な相談 |
| ラインによるケア | 管理監督者 | ・部下の不調の把握<br>・職場環境等の把握と改善<br>・職員からの相談対応<br>・産業保健スタッフとの連携 |
| 事業場内産業保健スタッフ等によるケア | ・産業保健スタッフ（産業医、衛生管理者、保健師）<br>・こころの健康づくりスタッフ（精神科・心療内科の医師、心理職）、<br>・人事担当者 | ・研修の企画実施<br>・職場環境等の評価、改善<br>・セルフケア、ラインによるケアの支援<br>・職場復帰の支援<br>・外部専門機関との連携 |
| 事業場外資源によるケア | 地域産業保健センター　など | ・個別の相談、治療<br>・事業場内産業保健スタッフとの連携 |

（出典：厚生労働省「労働者のメンタルヘルス対策に関する検討会報告書」を基に著者作成）

## ▶▶▶ 人事担当者が注意すべき対策のポイント

　メンタルヘルス対策は、日常的に行うことができるセルフケアとライ
ンによるケアが中心です。しかし、人事担当者として、メンタルヘルス
対策の全体像を把握しておくことは、①メンタルヘルス不調者が発生し
た職場への対応、②メンタルヘルス不調者への人事管理上の取扱いの観
点で重要になります。

　①の対応については、職員が、メンタルヘルス不調となり病気休暇や
休職が続くことで、他の職員の負担の増加を防止するため、業務体制の
見直しが必要です。その際には、以下の観点を踏まえた代替人員の配置
などの検討が求められます。

> ○所属全体の業務内容、業務プロセス、職員が担っていた職務内容、難
> 　易度、量などを把握する。
> ○所属を超えての応援を仰ぐ場合は、応援元の所属の繁閑の状況を踏ま
> 　えて対応する。また、応援先の職務経験者を把握する。
> ○会計年度任用職員を代替要員として活用する場合、勤務希望者を事前
> 　に登録してリスト化しておくなど、必要な人員をタイムリーに採用で
> 　きるようにしておく。

　②のメンタルヘルス不調となった職員への対応は、一般的に、厚生労
働省策定の「心の健康問題により休業した労働者の職場復帰支援の手引
き」に沿った形で行います（**図表73**）。また、人事管理上の取扱いとし
て、病気休暇の取得限度である90日間を超えても、復帰が困難な場合、
分限処分である休職の発令が行われます。更に、休職期間の限度である
3年を超えても、復帰が困難な場合には、分限免職処分や退職勧奨が検
討されます。

　職員の身分保障に関わる重要な部分であるため、詳しくは147頁**図表
83**をご覧ください。事前にその手続き内容を把握しておきましょう。

図表73　療養開始から復職までの流れ

| 段階 | 対応のポイント |
|---|---|
| 療養開始及び療養中のケア | ○診断書の提出<br>○連絡手段確保、定期的な連絡（家族、主治医への連絡可否・管理監督者からの連絡の可否・相談窓口紹介）<br>○療養に関する情報提供（病気休暇、休職制度の説明・療養期間中の過ごし方・定期的な報告、適切なＳＮＳ発信、副業時報告など）<br>○主治医への情報提供依頼 |
| 主治医による職場復帰可能の判断 | ○診断書の内容確認<br>○主治医からの情報収集（復帰後の職務等の情報提供・復帰に際しての配慮事項） |
| 職場復帰の可否の判断<br>職場復帰支援プランの作成 | ○産業医との相談、面談<br>○職場の受け入れ体制の確認<br>○復職までのロードマップの作成と本人の同意取得<br>※休職中のため通勤手当や公務災害等の保障がない。 |
| 職場復帰の決定、復職 | ○復職発令<br>○勤務軽減の活用 |
| 職場復帰後フォローーアップ | ○定期的な面談<br>○通院、服薬状況の確認 |

（出典：厚生労働省「心の健康問題により休業した労働者の職場復帰支援の手引き」を参考に筆者作成）

## ▶▶▶ 日頃から情報収集を心がけておく

　職場のメンタルヘルス対策の充実には、管理職、産業保健スタッフ、人事担当者の連携が不可欠です。人事担当者としても、職員にメンタルヘルスの予兆となる行動がないか、時間外勤務が極端に多かったり偏りがないかなど、日頃から職員の働き方や体調についての情報収集を心がけましょう。

　また、厚生労働省が開設しているメンタルヘルス対策のポータルサイト、「こころの耳」などを活用し、メンタルヘルス対策に役立つ最新の情報を収集するようにしていきましょう。

# 5│2 ◎…地方公務員の ハラスメント防止

## ▶▶▶ ハラスメントは組織的な対策が必要

　職場のハラスメントは、個人の尊厳を不当に傷つける社会的に許されない行為であり、職場環境の悪化により公務能率の低下も招きます。また、自治体全体の責任が問われ、信用も傷つくことから、組織的な課題として取り組む必要があります。

　職場のハラスメントの防止については、事業主が雇用管理上講ずべき措置が、法律や指針に定められています（**図表74**）。なお、これらの規定は、都道府県労働局による紛争解決援助及び調停に関する規定の部分以外は、地方公務員にも適用されます。また、国家公務員に関する措置については、別途人事院規則が定められています。地方公務員は均衡の原則がありますので、これらの取扱いも踏まえた対応が必要です。

図表74　ハラスメント防止に係る法律と人事院規則

| 項目 | 法律 | 人事院規則 |
|---|---|---|
| パワー・ハラスメント | 労働施策の総合的な推進並びに労働者の雇用の安定及び職場生活の充実等に関する法律第30条の2 | 人事院規則10−16（パワー・ハラスメントの防止等） |
| セクシュアル・ハラスメント | 男女雇用機会均等法第11条 | 人事院規則10−10（セクシュアル・ハラスメントの防止等） |
| 妊娠・出産に関する言動 | 男女雇用機会均等法第11条の3 | 人事院規則10−15（妊娠、出産、育児又は介護に関するハラスメントの防止等） |
| 育児介護休業に関する言動 | 育児・介護休業法第61条第34項、民間労働者は第25条を適用 | |

【事業主が措置すべき義務（パワーハラスメントの場合）】

①職場におけるパワハラの内容・パワハラを行ってはならない旨の方針を明確化し、労働者に周知・啓発すること

②行為者について、厳正に対処する旨の方針・対処の内容を就業規則等の文書に規定し、労働者に周知・啓発すること

③相談窓口をあらかじめ定め、労働者に周知すること

④相談窓口担当者が、相談内容や状況に応じ、適切に対応できるようにすること

⑤事実関係を迅速かつ正確に確認すること

⑥速やかに被害者に対する配慮のための措置を適正に行うこと

⑦事実関係の確認後、行為者に対する措置を適正に行うこと

⑧再発防止に向けた措置を講ずること

⑨相談者・行為者等のプライバシーを保護するために必要な措置を講じ、その旨労働者に周知すること

⑩相談したこと等を理由として、解雇その他不利益取り扱いをされない旨を定め、労働者に周知・啓発すること

（令和4年1月15日厚生労働省告示第5号）

---

【公務部門における上乗せ事項（パワーハラスメントの場合）】

①自らの雇用する労働者以外の者（他の事業主が雇用する労働者、求職者、フリーランス等）に対する言動に関する取組み

②他の事業主の雇用する労働者等からのパワーハラスメントや顧客等からの著しい迷惑行為に関する取組み

③他の行政機関の職員からパワハラを受けた場合における当該職員に係る任命権者に対する調査の要請・指導等の対応を求めること

④他の行政機関から③の求めがあった場合における必要な協力の実施

（出典：総務省「令和2年10月2日地方公共団体におけるパワーハラスメントの取り組み状況について」）

# ▶▶▶ パワー・ハラスメント（パワハラ）

パワー・ハラスメントとは、職務に関する優越的な関係を背景に行われる、業務上必要かつ相当な範囲を超える言動であって、職員に精神的若しくは身体的な苦痛を与え、職員の人格若しくは尊厳を害したり、職員の勤務環境を害したりすることをいいます（人事院規則10-16第2号）。民間法制では「精神的若しくは身体的な苦痛を与え、職員の人格若しくは尊厳を害し」が除かれています（労働者総合施策推進法30条の2）。

パワー・ハラスメントになり得る言動として、例えば、次のようなものがあります（**図表75**）。なお、これらの言動に該当しなければパワー・ハラスメントに該当しないとの趣旨ではありません。また、パワー・ハラスメントに該当しない場合であっても、公務員としての信用を失墜させる行為に当たる場合もあります。

図表75　パワー・ハラスメントになり得る言動

| 類型 | 具体的な言動 |
|---|---|
| 暴力・傷害 | ・書類で頭を叩たたく。<br>・部下を殴ったり、蹴ったりする。<br>・相手に物を投げつける。 |
| 暴言・名誉毀損・侮辱 | ・人格を否定するような罵詈雑言を浴びせる。<br>・他の職員の前で罵ったり、土下座をさせたりする。<br>・相手を罵倒・侮辱するような内容の電子メール等を複数の職員宛てに送信する。 |
| 執拗ような非難 | ・改善点を具体的に指示することなく、何日間にもわたって繰り返し文書の書き直しを命じる。<br>・長時間厳しく叱責し続ける。 |
| 威圧的な行為 | ・部下達の前で、書類を何度も激しく机に叩たき付ける。<br>・自分の意に沿った発言をするまで怒鳴り続ける。 |
| 実現不可能・無駄な業務の強要 | ・これまで分担して行ってきた大量の業務を経験のない部下に全部押しつけ、期限内に全て処理するよう厳命する。<br>・緊急性がないにもかかわらず、毎週のように土曜日や日曜日に出勤することを命じる。<br>・業務とは関係のない私的な雑用処理を強制的に行わせる。 |

| 仕事を与えない | ・隔離<br>・仲間外しや無視<br>・気に入らない部下に仕事をさせない。<br>・業務連絡のメールを特定の職員にだけ送付しない。<br>・意に沿わない職員を他の職員から隔離する。 |
|---|---|
| 個の侵害 | ・個人に委ねられるべき私生活に関する事柄について、仕事上の不利益を示唆して干渉する。<br>・職員本人や家族の個人情報を言いふらす。 |

## ▶▶ セクシュアル・ハラスメント（セクハラ）

　セクシュアル・ハラスメントとは、次の言動をいいます（人事院規則10-10第2条）。

①他の者を不快にさせる職場における性的な言動（第1号）

　職員が他の職員を不快にさせること、職員がその職務に従事する際に接する職員以外の者を不快にさせること、職員以外の者が職員を不快にさせること

②職員が他の職員を不快にさせる職場外における性的な言動（第2号）

※職員以外の者への行為や職場外の職員による行為を対象としている点で民間法制よりも広い範囲の規制となっている（雇用の分野における男女の均等な機会及び待遇の確保等に関する法律第11条参照）。

　女性から女性、女性から男性、男性から男性に対して行われる言動も対象です。また、不快であるか否かは、基本的に受け手が不快に感じるか否かによって判断されます。具体的な言動は**図表76**のとおりです。

## ▶▶ 妊娠、出産、育児又は介護に関するハラスメント

　妊娠、出産、育児又は介護に関するハラスメントとは、職場で、上司や同僚が、「妊娠又は出産に関する事由」や「妊娠、出産、育児、介護に関する制度の利用」について、不利益取扱いを示唆したり、業務上の必要性に基づかない制度の利用等の阻害をしたり、繰り返し嫌がらせをしたりすることをいいます（人事院規則10-15第2条）。このハラスメントの定義は民間法制とほぼ同様です（**図表77**）。

図表76　セクシュアル・ハラスメントの例

| (1) 性的な内容の発言関係 | |
|---|---|
| 性的な関心、欲求に基づくもの | ・スリーサイズなど身体的特徴を話題にすること。<br>・聞くに耐えない卑わいな冗談を交わすこと。<br>・体調が悪そうな女性に「生理日か」「更年期か」などと言うこと。<br>・性的なうわさを立てたり、性的なからかいの対象とすること。 |
| 性別により差別しようとする意識等に基づくもの | ・「男のくせに根性がない」「女には仕事を任せられない」などと発言すること。<br>・「男の子、女の子」「僕、坊や、お嬢さん」「おじさん、おばさん」などと人格を認めないような呼び方をする。<br>・性的指向や性自認をからかいの対象としたり、性的指向や性自認を本人の承諾なしに第三者に漏らす。 |
| (2) 性的な行動関係 | |
| 性的な関心、欲求に基づくもの | ・身体を執拗ように眺め回すこと。<br>・食事やデートにしつこく誘うこと。<br>・性的な内容の電話をかけたり、性的な内容の手紙・Eメールを送ること。<br>・身体に不必要に接触すること。 |
| 性別により差別しようとする意識等に基づくもの | ・女性であるというだけで職場でお茶くみ、掃除や私用等を強要すること。 |
| 【職場外で起きやすいもの】 | |
| 性的な関心、欲求に基づくもの | ・性的な関係を強要すること。 |
| 性別により差別しようとする意識等に基づくもの | ・カラオケでのデュエットを強要すること。<br>・酒席で、上司の側に座席を指定したりお酌を強要する。 |

（出典：人事院「人事院規則10-10の運用について」）

　一方で、業務の必要性に基づいた言動や配慮は、ハラスメントには該当しません。例えば、業務体制を見直すため、上司が育児休業の取得期間を確認することや、業務状況を考えて、上司が「次の妊婦健診はこの日は避けてほしいが調整できるか」と確認することや「妊婦には長時間労働は負担が大きいだろうから、業務分担の見直しを行い、あなたの残

図表77　妊娠、出産、育児又は介護に関するハラスメントの例

| 類型 | 具体的な言動 |
|---|---|
| 不利益取扱いの示唆 | ・育児休業の取得を上司に相談したところ、一方的に「今後の昇進はないと思う」と言われた。 |
| 業務上の必要性に基づかない制度の利用等の阻害 | ・介護休暇の利用を周囲に伝えたところ、同僚から「自分は利用しないで介護する。あなたもそうするべき」と言われた。「でも、自分は利用したい」と再度伝えたが、再度同じ発言をされ、利用をあきらめざるを得ない状況になった。 |
| 繰り返し嫌がらせをすること | ・「自分だけ短時間勤務をするのは周りを考えていない。迷惑だ」と繰り返し又は継続的に言われ、勤務する上で看過できない程度の支障が生じた。 |

（出典：人事院「ハラスメントのない職場にするために」）

業量を減らそうと思うがどうか」と配慮することが挙げられます。

　ただし、本人の意思を無視した一方的な措置は、「配慮」ではなく「強要」したことになるので注意が必要です。


## ▶▶▶ 職場の良き相談者としてのスキルを磨こう

　先に説明したとおり、自治体を含む事業主には、ハラスメントに関する相談窓口を設置することが求められています。この相談窓口の相談員に、人事担当者が指名されるかは、自治体ごとに異なります。ただ、人事担当者は日頃から所属の職場環境や人員配置について管理職や職員から相談を受ける立場にもなります。相談の中にはハラスメントに関する情報も含まれている場合もあります。

　このため、職場の良き相談者として、ハラスメント相談に関する基本的な心構えや各自治体の相談手順については事前に確認しておく必要があるでしょう。人事院では「パワー・ハラスメントに関する苦情相談に対応するに当たり留意すべき事項についての指針」を定めています。ほかにも、ハラスメント対策に関して厚生労働省のハラスメント対策総合サイト「あかるい職場応援団」で様々な情報、資料、動画コンテンツが入手できますので、積極的な情報収集を続けましょう。

# ◎…ルール違反、職責が果たせない職員への対応

## ▶▶ 守るべきルールは地公法・服務規程で決まっている

### （1）服務の基本ルール

　服務とは、職務に服する職員が守るべき義務ないし、規律です。地公法第 30 条では、服務の根本基準として、「すべて職員は、全体の奉仕者として公共の利益のために勤務し、且つ、職務の遂行に当つては、全力を挙げてこれに専念しなければならない。」とされ、地公法第 31 条では「職員は、条例の定めるところにより、服務の宣誓をしなければならない。」とされています。職務上の義務、職務以外でも守るべき身分上の義務についても定められています（**図表 76、図表 77**）。

　このほか、各自治体ごとに服務規程が定められ、各種休暇の手続き、職務専念義務免除の手続き、超過勤務や休日勤務、出張の復命、事務引継等など、職員が守るべきルールが規定されています。

**図表 78　職務上の義務について定めた条文**

| 項目・条文 | 内容 |
|---|---|
| 法令等及び上司の職務上の命令に従う義務）（第 32 条） | 職員は、その職務を遂行するに当つて、法令、条例等、且つ、上司の職務上の命令に忠実に従わなければならない。 |
| 職務に専念する義務（第 35 条）ばならない。 | 職員は、法令等に定めがある場合以外は、その勤務時間及び職務上の注意力のすべてをその職責遂行のために用い、当該地方公共団体のなすべき責を有する職務にのみ従事しなければならない。 |

図表79　身分上の義務について定めた条文

| 項目・条文 | 内容 |
|---|---|
| 信用失墜行為の禁止<br>（第33条） | 職員は、その職の信用を傷つけ、又は職員の職全体の不名誉となるような行為をしてはならない。 |
| 秘密を守る義務<br>（第34条） | 職員は、職務上知り得た秘密を漏らしてはならない。その職を退いた後も、また、同様とする。<br>※法令による証人、鑑定人等となり、職務上の秘密に属する事項を発表する場合においては任命権者の許可を受けなければならない。 |
| 政治的行為の制限<br>（第36条） | ・職員は、政党その他の政治的団体の結成に関与し、若しくはこれらの団体の役員となってはならない。これらの団体の構成員となるように、若しくはならないように勧誘運動をしてはならない<br>・職員は、職員の属する自治体内で選挙等の勧誘運動や署名活動等、の政治的行為をしてはならない。 |
| 争議行為等の禁止<br>（第37条） | 職員は、同盟罷業、怠業その他の争議行為をし、又は地方公共団体の機関の活動能率を低下させる怠業的行為をしてはならない。 |
| 営利企業への従事等の制限<br>（第38条） | 職員は、任命権者の許可を受けなければ、営利企業の団体の役員になること、自ら営利企業を営むこと、報酬を得ていかなる事業若しくは事務に従事してはならない。<br>※パートタイム会計年度任用職員は適用除外 |

## （2）公務員に求められる倫理

　公務員には、利害関係者と接する際には一定のルールがあります。「利害関係者」とは、その公務員が現に携わっている「許認可の申請」「補助金の交付」「立入検査、監査を受ける者」「契約」などの事務の相手方です。具体的には贈与や供応接待を受けるなど、公正な職務の遂行に対する疑惑や不信を招くおそれがある行為は禁止されます。

　国家公務員においては、国家公務員倫理法及び倫理規程がありますが、地方公務員についても、ほぼ同様の内容が各自治体ごとに規則で定められています。

## ▶▶ルール違反があったときの対応　～懲戒処分～

### （1）懲戒処分とは義務違反に対するペナルティ

　懲戒処分は、職員の一定の義務違反に対して任命権者が行う処分です。地公法第 27 条には、懲戒処分を行うことができる事由として、①地方公務員法等の規定に違反した場合、②職務上の義務に違反し、または職務を怠った場合、③全体の奉仕者にふさわしくない非行があった場合を規定しています。

### （2）懲戒処分の種類と効果

　懲戒処分は、ルール違反の内容や程度により、複数の種類があります（地公法第 29 条第 1 項）。これらの処分は人事記録に記載され、その後の任用や給与に影響を与えます。なお懲戒処分を付すほどではありませんが、不問に付すことが適当ではない場合、本人の反省を求め矯正を図るために訓告や厳重注意等の措置が取られることもあります。

図表 80　懲戒処分の種類と効果

| 種類 | 内容 | 効果（例） | 任用・給与への影響（例） |
|---|---|---|---|
| 戒告 | 規律違反の責任を明確にし、将来を戒める | ― | 処分の種類に応じて、昇給・昇格や期末・勤勉手当、昇任、退職手当などで不利益な影響がある |
| 減給 | 給料の一定割合を減額する | 1 日以上 6 月以下給料・手当の 10 分の 1 以下を減ずる | |
| 停職 | 一定期間職務に従事させない | 1 日以上 6 月以下その間、給与は支給されない | |
| 免職 | 職員の職を失わせる | 職を失う　※退職手当は原則支給しない | |

### （3）懲戒処分の量定には原則があることに注意する

　人事院では、国家公務員の非違行為について任命権者が懲戒処分に付すべきと判断した事案について、どの程度の処分とするか判断する処分量定の際の参考とすることを目的に、懲戒処分の指針を作成しています

（平成 12 年 3 月 31 日職職—68）。

　これを受けて各自治体では同様の内容の指針を定め、処分量定の参考としています。懲戒処分は職員に対して一方的に不利益を科すものであることから、犯罪に対する刑罰と同様の厳格な原則の下、行われる必要があります。以下に掲げる諸原則についても確認しておきましょう（**図表 81**）。

図表 81　懲戒処分の諸原則

| 項目 | 内容 |
|---|---|
| 懲戒事由の明記 | 「制裁の定めをする場合においては、その種類及び程度を定めなければならない。」（労基法第 89 条第 9 号より）<br>※明らかに秩序を乱し、業務遂行に害を及ぼす労働者の行為に対しては例外あり |
| 行為と処分が均衡していること | 行為とそれに課せられる処分は釣り合いがとれていなければならない。 |
| 量定は段階的に考察すること | 順次軽い処分から適用できないか検討する。 |
| 処分手続きを遵守すること | 所定の手続きを踏まない、本人に弁明の機会を与えない場合には、処分できない |
| 二重処分禁止の原則 | 一つの行為に対して二重に処分することは許されない。 |

## （4）懲戒の手続きは条例で定めなければならない

　職員の懲戒の手続きと効果は、条例で定めなければなりません（地公法第 29 条第 4 項）。また、懲戒の手続きとして、処分の事由を記載した説明書を交付しなければなりません（地公法第 49 条第 1 項）。

　なお、職員は懲戒処分に不服がある場合、人事委員会又は公平委員会に対して審査請求ができます。請求期間は、処分があったことを知った日の翌日から起算して 3 月以内、または処分があった日の翌日から起算して 1 年以内です。（地公法第 49 条の 2、第 49 条の 3）

　なお、条件付採用期間中の職員、臨時的任用、企業職員、単純労務職員にはこれらの規定の適用はありません（地公法第 29 条の 2、地公企法第 39 条第 1 項、地公労法第 17 条第 1 項）。

## (5) 処分の公表は基準がある

懲戒処分の実施後には組織秩序の回復を図り、同種行為を再発防止する観点から、処分内容は公表します。なお、公表範囲については、プライバシー確保の観点から、慎重に検討する必要があります。人事院では、国家公務員の懲戒処分の公表を行う際の参考として、懲戒処分の公表指針を作成していますので、自治体の指針との整合を図ってください（平成 15 年 11 月 10 日総参 - 786）。

## ▶▶ 職責が果たせないときの対応　～分限処分～

分限処分とは、職員の身分保障を前提として、公務能率の向上と維持のために、一定の事由に該当したときに行う不利益処分です。

この分限処分は、地公法や条例で定める事由による場合でなければ行うことができません。その種類と事由は**図表 82**のとおりです。

図表 82　分限処分の種類

| 項目 | 内容（地公法第 27 条第 2 項） | 事由（地公法第 28 条） |
|---|---|---|
| 免職 | その職を失わせる処分<br>※懲戒免職と異なり退職金は支給 | ・勤務実績がよくない場合（第 1 項第 1 号） |
| 降任<br>降給 | 【降任】<br>下位の職制の段階に属する職員の職に任命する処分<br>【降給】<br>・降号（同一級内の下位の号給への変更）<br>・降任の伴わない降格（下位の職務の級への変更） | ・心身の故障のため職務遂行に支障がある等（第 1 項第 2 号）<br>・その職に必要な適格性を欠く場合（第 1 項第 3 号）<br>・職制改廃等により廃職又は過員が生じた場合（第 1 項第 4 号） |
| 休職 | 職員の職を保有したまま一定期間職務に従事させない処分 | ・心身の故障のため、長期の休養を要する場合（第 2 項第 1 号）（3 年が限度）<br>・刑事事件に関し起訴された場合（第 2 項第 2 号） |

また、分限処分に係る手続きや効果は、法律に特別の定めがない場合を除くほか、条例で定めなければなりません（地公法第28条第3項）。

　手続きの内容は、各自治体で定められる条例や要綱により異なりますが、国家公務員における分限処分の手続きは人事院規則11-4、同規則の運用通知に定められています。自治体の仕組みもこの規則にならっていることが多いため確認しておきましょう。なお、処分に不服がある場合の手続きは、懲戒処分と同様です。

図表83　分限処分の手続きの流れ

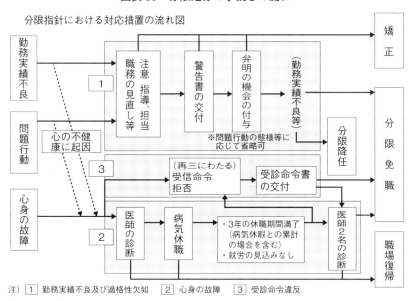

注）⎡1⎤ 勤務実績不良及び適格性欠如　⎡2⎤ 心身の故障　⎡3⎤ 受診命令違反
（出典：人事院「国家公務員の分限制度について（レジュメ）」）

# 5|4 ◎…労使関係の仕組みはどうなっているの?

## ▶▶▶ 働く人の権利である労働基本権

　職員が、仕事、勤務条件、人間関係、仕事と生活の関係などの職場環境に関して不満や苦情を抱き、それが解消されないことは、職員の離職を招いたり、仕事への意欲低下や能率の低下につながってしまいます。

　このような使用者と労働者の間に生じた対立を調整・解消することを、労使関係管理といいます。この労使関係管理には、労働組合などを通じて解決を図る集団的労使関係と、職員が個別に解決を図る個別的労使関係に分類されます。

　歴史的に、使用者の力が従業員に比較して大きく、組織内で個人が発言することには限界があったことから、労働組合を通じて解決を図る集団的労使関係が整備されてきました。具体的には、憲法第28条で次の労働三権が認められています。

**（1）労働者が労働組合を結成する権利（団結権）**

**（2）労働者が使用者（会社）と団体交渉する権利（団体交渉権）**

**（3）労働者が要求実現のために団体で行動する権利（団体行動権及び争議権）**

　この労働組合は、労働者が複数人集えば自由に結成することが可能で、個別の企業ごとにつくられる企業別労働組合が中心です。また、それらの企業別組合が集まり産業別労働組合を、また、産業別組合が集まって全国的中央組織をつくり、毎年の春闘を主導するとともに、政策制度実現のための国民運動、政府への要請活動など、個別の企業別組合の枠を越えた課題に取り組んでいます。

## 地方公務員の労働基本権は一部制限がある

　地方公務員も、勤務に対し給与支給を受け生活しているものとして、労働基本権が認められています。一方で、全体の奉仕者としての地位の特殊性と職務の公共性の観点から、**図表84**のとおり一部権利が制約されています。また、この制約はすべての地方公務員で同様ではなく、職務の性格を踏まえた違いがあります。

図表84　地方公務員の労働基本権

（○＝制限なし、△＝一部制限、×＝禁止）

| 権利の種類 | 一般行政職<br>教育職員 | | 企業職員<br>単純労務職（※） | | 警察職員<br>消防職員 |
|---|---|---|---|---|---|
| 団結権 | ○ | 職員団体 | ○ | 労働組合 | × |
| 団体交渉権 | △ | 書面協定 | ○ | 労働協約 | × |
| 争議権 | × | | × | | × |

※単純労務職員は、職員組合の結成もできるが、その場合は労働協約締結権はない。

　自治体現場で対応するのは、各自治体ごとに組織された単位組合です。そして単位組合を都道府県単位にまとめる県本部があり、それをまとめる産業別の全国組織として全日本自治団体労働組合（自治労）と、日本自治体労働組合総連合（自治労連）があります。これらの全国組織は、地方公務員制度を所管する総務省などとの交渉を行い、各自治体の勤務条件全体に影響を与えています。

## 職員団体は勤務条件に関して交渉する団体

　職員団体とは、職員の勤務条件の維持改善を図ることを目的として組織する団体で、自治体の当局と交渉を行います。

　職員団体は人事委員会又は公平委員会に申請することで要件を満たす団体として登録されます。この登録制度は、職員団体の組織、運営が自主的・民主的であることを公証するものです。登録による効果として、「適

法な交渉申入れに対し当局が応ずべき地位に立つこと」「職員団体は法人格を取得できること」「役員の在職専従職員となることができること」が、挙げられます。そのほか、職員団体に認められるものとして、給与からの職員団体費控除が可能となったり、職員団体の事務室、掲示板の使用等庁舎内における職員団体のためのスペースの使用が、行政財産の目的外使用の許可の範囲内で可能となることが挙げられます。

## ▶▶▶ 職員団体の構成　〜誰が加入できるのか〜

　職員組合は、一般の行政事務に従事する職員（一般行政職）か教育職員が主たる構成員である必要があります。なお、企業職員や単純労務職員は、職員の職務内容が民間企業に類似していることから、一般行政職や教育職員と異なり、労働組合法に基づく労働組合を組織することができます（地公労法第4条、第5条第1項、附則第5項、地公企法第39条第1項）。

　職員は、職員団体の構成員であること、職員団体を結成しようとしたこと、加入しようとしたこと、職員団体のために正当な行為をしたことをもって不利益な取扱いを受けることはありません（地公法第56条）。ここで禁止されている「不利益な取扱い」とは、免職、降任、停職、減給などの不利益処分のほかに、職員の身分取扱い上のすべての不利益な措置をいうものとされています。

　管理若しくは監督の地位にある職員又は機密の事務を取り扱う職員は、それ以外の職員とは労使関係の立場が異なるため、同一の職員団体を組織することはできません（地公法第52条第3項）。この管理職員等の範囲は、人事委員会又は公平委員会が規則で定められています（地公法第52条第4項）。

　なお、職員団体には、結成や加入を自己の意思に基づいて自由に行うことができるオープンショップ制が採用されているため、職員は職員団体に属していないという理由で勤務条件について不満を表明し、または意見を申し出る自由を否定されてはなりません（地公法第52条第3項、第55条第11項）。

## ▶▶ 職員団体の活動は勤務時間中は原則できない

　職員には、勤務時間中には、職務に専念する義務があり、勤務時間中に職員が職員団体の業務に専ら従事することは、条例で定める場合以外は、禁止されています（地公法第35条、第55条の2第1項、第6項）。この条例で定める場合には、適法な交渉を行う場合、休日、年次有給休暇などがあります。

　なお、任命権者の許可を受けた場合には、職員団体の役員として専従する在籍専従となることが可能です。ただし、専従期間中の給与は支給されません（地公法第55条の2第1項但し書き、第5項）。


## ▶▶ 交渉の仕組みはどのような流れで行われるのか

　組合交渉で交渉できることと交渉できないことがあります。また正式な手続きで取り行わなくてはいけません。労務を担当する場合には、これらのポイントを事前に押さえておきましょう。

### （1）職員団体との交渉事項

　職員団体は、給与、勤務時間その他の勤務条件に関し、自治体の当局と交渉を行うことができます。（地公法第55条第1項）

　ここでいう当局とは、交渉事項について適法に管理し、または決定することができる者であり、任命権者と、任命権者に権限の委任を受けた者等となります。

　なお、交渉事項は、職員の給与、勤務時間その他の勤務条件とこれに附帯する社交的又は厚生的活動に係る事項であり、具体的には次のものが挙げられます。

---

【交渉事項の例】
・賃金その他の給与、労働時間、休憩、休日及び休暇に関する事項
・昇職、降職、転職、免職、休職、先任権および懲戒の基準に関する事項
・労働に関する安全、衛生および災害保障に関する事項

---

・前 3 号に掲げるもののほか、労働条件に関する事項

・これに附帯して社交的または厚生的活動を含む適法な活動に係る事項

## （2）管理運営事項は交渉できない

　職員団体は、地方公共団体の事務の管理及び運営に関する事項は、交渉の対象にはできません（地公法第 55 条第 3 項）。

　この管理運営事項とは、自治体の機関が本来の職務又は権限として、法令、条例、規則、その他の規程、議会の議決に基づき、もっぱら自らの判断と責任において処理する事項で、次のものが挙げられます。

【管理運営事項の例】

・地方公共団体の組織に関する事項

・行政の企画、立案および執行に関する事項

・職員定数およびその配置に関する事項

・地方公共団体の財産の取得、管理もしくは処分、または公の施設の設置管理もしくは廃止に関する事項

・予算の編成に関する事項

・条例の企画、立案および提案に関する事項

・懲戒処分、分限処分、職員の採用、退職、配置転換などの具体的な任命権に関する事項

・人事評価制度の企画、立案および実施に関する事項管理職員等の範囲の決定に関する事項

・地方公共団体の職制の制定、改廃等に関する事項

・職務命令に関する事項

## （3）交渉での合意の取扱い

　職員団体は、自治体の当局との交渉の結果、合意に達した事項について、法令等に抵触しない範囲で書面において協定を結ぶことができます（地公法第 55 条第 9 項）。この協定には法的拘束力はありませんが、当局は協定での合意内容をもとに条例・規則その他の規定の改廃や予算計

上等の必要な措置を講ずるなど、誠意と責任をもって履行していくことが求められます。

## （4）交渉で合意が得られなかった時の対応

　職員団体と当局との交渉で、意見の一致が見られない場合で、事前に予備交渉で取り決めた時間の終期が来た場合、当局は交渉を打ち切ることができます（地公法第55条第7項）。職員には、争議行為等は禁止されていますので、交渉が合意に至らない場合でも、民間労働者に認められるストライキ等を行う権利は認められていません（地公法第37条）。

## （5）企業職員で構成する労働組合との交渉（団体交渉）

　企業職員等が組織する労働組合は、権限ある当局と団体交渉を行うことができます。（地公労法第4条、労組法第6条）

　交渉の手続きは、ほぼ、職員組合と同様ですが、交渉の結果の取扱いに一部異なる点があります。

　代表的な違いは、団体交渉の結果、合意に達した事項を、労働組合と当局は労働協約を締結することとなる点です（労働組合法第14条）。

　労働協約には、職員組合との協定とは異なり法的拘束力が生じます。具体的には、合意事項と異なる個別の勤務条件を無効とする規範的効力、事業場の4分の3以上の労働者を組織する労働組合との合意内容が同一事業場の非組合員にも拡張して適用される一般的拘束力があります。

　また、労働協約の内容を受けて、自治体の長は、条例・規則その他の規定の改廃のための措置や予算上の資金上必要な措置をとらなければならないともされている点も特徴的です（地公労法第8条〜第10条）。

# ◎⋯職員個人で職場環境の改善を求める制度

## ▶▶ 職員個人でも勤務条件の措置が求められる

　地公法では、職員個人についても、勤務条件に関する措置を求める権利が認められ、職員の生活維持のための経済的権利が確保されています（地公法第46条）。

　この措置要求の対象は、職員の勤務条件に関するもので、当該自治体の権限に属するものとされ、例えば、給料、諸手当、勤務時間、給料諸手当以外に関する給付、休暇、福利厚生、執務環境などに関する事由が対象となります。

　ここで措置要求できる者は「職員」であり、職員でない者、退職した者は措置要求することはできません。また、措置要求は一個人でも共同でも行うことができます。ただし、職員団体は職員個人ではないため、措置要求を行うことはできません。なお、企業職員や現業職員は措置要求できる職員からは除かれています。これは、組織する労働組合に労働協約締結権が認められ、職員の苦情に対しては労使で設置する苦情処理共同調整会議が対応することとなっているためです。

　措置要求の相手方は、任命権者の属する人事委員会又は公平委員会です。人事委員会又は公平委員会は、その事案の審査、判定を行ったうえで、自らの権限を有する権限については実行し、その他の事項は権限を有する機関に対し必要な勧告を行い、勧告を受けた機関は必要な措置を講じることとなります（地公法第47条）。

## ▶▶▶ 内部通報制度～コンプライアンス推進と通報者の保護～

　官民問わず、組織の不祥事が、内部からの通報をきっかけに明らかになるケースが多くなっています。

　内部からの通報者を保護しつつ早期に情報を収集し、不祥事を未然に防ぐ必要から、内部通報者保護制度があります。職員が働く環境をよくする手段の一つとして、その概要を押さえておきましょう。

### (1)「公益通報者保護制度」とは？

　「公益通報者保護制度」とは、企業や行政機関による一定の違法行為などについて、労働者が企業内の通報窓口や外部のしかるべき機関に通報した者を保護する制度です。

　企業の違法行為が明るみに出ることにより、その是正を促し、消費者や社会に利益をもたらすことになりますが、通報した人はそれによって、企業から解雇や降格などの不利益な取扱いを受けるおそれがあります。

　そこで、公益のために通報を行った労働者を保護するとともに、国民の生命、身体、財産を保護するために「公益通報者保護法」が制定されました。自治体における内部通報制度については、平成29年7月31日に、「公益通報者保護法を踏まえた地方公共団体の通報対応に関するガイドライン（内部の職員等からの通報）」が策定されており、これらの趣旨に沿った運用が各自治体に求められています。

### (2) 内部通報制度は組織改善のためにある

　内部通報制度とは、従業員から通報を受け付け、通報者の保護を図りながら、適切な調査や是正、再発防止策などを行う事業者内の仕組みをいいます。具体的には、通報窓口を設置したり、内部規程を整備・運用したりすることなどです。事業者自身が、内部通報制度を整備し、内部通報者を保護することで、「問題の早期発見と被害の発生・拡大の防止」や「リスクの抑制と企業・自治体の価値の向上」が期待できます。

　自治体によっては、人事担当部門が内部通報窓口になっている場合もあります。今一度、自身の自治体の事務手続きを確認しておきましょう。

# COLUMN・5

## ストレスメカニズムから考える部下との関わり方

　「あの人はストレスに強いよね」という会話は、仕事をしていれば一度は交わしたことがあるのではないでしょうか。

　働いていると日々様々なストレスを感じることもあるかと思いますが、同じ出来事や環境の変化が、ある人にはストレスとなり、またある人にはむしろ積極的な活力につながったりもします。また、ストレスそのものが悪いのではなく、生きるうえでは一定の刺激は必要といわれています。問題なのは、その刺激に過剰に反応し、戻らなくなってしまうということです。

　仕事上のストレッサー（ストレス要因）として考えられるのは、職場環境、役割上の葛藤や役割の不明確さ、人間関係、仕事のコントロール、仕事の量的負荷と変動性、仕事の将来性不安、仕事の要求に対する認識、不十分な技術活用、交代制勤務などです。

　そして、ストレス反応は仕事のストレス要因だけでなく仕事外の個人的要因、緩衝要因によっても影響されます。特に、上司、同僚、家族などの支援などの緩衝要因（周りのサポートの有無）はストレス反応の軽減に大きく影響するといわれています。

　ちなみに、第5章で説明した、メンタルヘルス対策のためにストレスチェックで使用される、「職業性ストレス簡易調査票」はこの職業性ストレスモデルのうち、仕事以外の要因を除いた「仕事のストレス要因」「ストレス反応」「緩衝要因（周囲のサポート）」についての項目を尋ねています。

　当然のことですが、部下には、これまで生きてきた価値観に基づく物事の捉え方があります。そして、同じ人間でも、その日その日でもまた違うということです。例えば、家族と喧嘩してから出勤したＡさんと、家族からプレゼントをもらってから出勤したＡさんとは、その日ごとに違うのです。

　第5章で説明したラインケアは、職場の管理監督者が、部下の心をケアすることを指します。普段から職員をよく観察し、いつもと違う

様子があれば声かけを行い、悩みを聞き、必要であれば、人事担当者や保健衛生スタッフに話をつなぐことになります。

　この「観察」「声かけ」「傾聴」「連携」の４つの流れを意識することが、ラインケアを機能させるカギとなります。ただし、職業性ストレスモデルから考えると、仕事のことだけでなく、個人的要因や仕事以外の要因もよく観察することも必要になります。

　1950年代に米国の教育学者のドナルド・E・スーパーが発表したキャリア理論に、「ライフキャリアレインボー」という理論があります（Jossey-Bass、Super,D. E., Sverko, B., Super, C. M.*"Life Roles, Values, and Careers"* Jossey-Bass 1995年）。

　これは、人は発達の中で様々な役割をもって成長していくという理論です。目の前にいる部下の職場での姿は、その人の一部分に過ぎず、他にももっと色々な顔があるのです。

　「元気がないな。仕事が原因かな？」と思って部下に声をかけたら、プライベートの悩みが出てきたり、話を傾聴してみたらすっきりした顔で仕事に戻っていったりすることがあるでしょう。

　大切なことは、部下を「わかろうとする」ということなのだと思います。このように心掛けるだけでも、ラインケアの機能は向上しますし、管理職として部下との関係性が深まるのではないかと思っています。

# 第 6 章

# 多様な人材の活用に関わる仕事

**少**子化による人口減少社会下では、質の高い行政サービスを持続的に提供するために、多様な人材の活用が不可欠です。本章では、会計年度任用職員・外部人材の任用の仕組みのほか、女性活躍推進・障害者雇用・高年齢層職員の活躍に係る法制度や取組みに関するポイントを取り上げます。

# 6│1 ◎…会計年度任用職員制度

## ▶▶ 会計年度任用職員制度はなぜ始まったか

　各自治体での臨時・非常勤の活用は、厳しい地方財政と定員抑制をしながらも、教育、子育てなどの行政需要に応える形で行われています。

　臨時・非常勤職員の任用形態には、特定の学識・経験を必要とする業務を行う「特別職」、補助的な業務を行う「一般職」、緊急・臨時の業務を行う「臨時的任用」があり、その総数は平成 28 年時点で約 64.5 万人と、地方公務員全体の 23.5% の割合を占めていました。

　また、事務補助 約 10 万人のほか、教員・講師 約 9 万人、保育士 約 6 万人、給食調理員 約 4 万人、図書館職員 約 1.7 万人 など、幅広い分野で活用されています。

図表 85　正規職員と臨時・非常勤職員の推移

|  | 平成 17 年 4 月 | 平成 20 年 4 月 | 平成 24 年 4 月 | 平成 28 年 4 月 |
|---|---|---|---|---|
| 正規職員 | 304.2 万人 | 289.9 万人 | 276.9 万人 | 273.7 万人 |
| 臨時・非常勤職員 | 45.6 万人 | 49.8 万人 | 59.9 万人 | 64.5 万人 |
| 比率 | 15.0% | 17.2% | 21.6% | 23.5% |

（出典：総務省「地方公務員の臨時・非常勤職員及び任期付職員の任用等の在り方に関する研究会参考資料」）

　このような臨時・非常勤職員の活用が進む中、自治体によっては「通常の事務職が特別職として任用され守秘義務などの必要な諸制約が課されない」「臨時的任用では漫然と任期更新が繰り返される」などの制度

の趣旨に沿わない任用が行われたり、また、労働者性が高い者に対して自治法上、期末手当が支給できない処遇上の課題がありました。

このため、地方公務員法及び地方自治法の改正が行われ、臨時・非常勤職員の任用形態と給付を厳格・明確にするなどの対策がなされました。これについては、令和2年4月1日から施行されています。

## (1) 特別職の任用根拠の適正化

特別職の範囲が、制度の本来想定する「学識経験等に基づき、助言、調査等を行う者」として職の範囲が限定されました。これに伴い、これまで特別職で任用されてきた職の一部は、一般職である会計年度任用職員に移行しています。

図表86　特別職に該当する主な職

| 業務 | 該当する職 |
|---|---|
| 助言 | ・顧問　・参与　・学校薬剤師　・学校評議員<br>※助言の相手方は「地方公共団体の機関など」<br>※地方創生人材支援制度やデジタル専門人材派遣制度により派遣されている者も該当 |
| 調査 | ・地方自治法100条の2に規定する議会による議案調査等のために調査を行う者<br>・統計調査員（統計法第14条）<br>・国民健康・栄養調査員（健康増進法第12条）<br>・保険審査会専門調査員（介護保険法第188条）<br>・建築物調査員（建築基準法第12条）　など |
| 診断 | ・学校医、歯科医（学校保健安全法第23条）<br>・産業医（安衛法第13条） |
| 総務省令で定める事務 | ・斡旋員（労働関係調整法第13条第1項） |

## (2) 臨時的任用の根拠の明確化

臨時的任用の採用が、「緊急の場合」「臨時の職に関する場合」「採用候補者名簿や昇任候補者名簿がない場合」のいずれかの場合に限定されました（地公法第22条の3）。また、常勤職員の欠員代替として任用されることから、常勤職員と同じ勤務条件となることが明確化されました。

## （3）一般職の非常勤職員の任用等に関する制度の創設

　一般職の非常勤職員である「会計年度任用職員」に関する規定を設け、その採用方法や任期等を明確化し、勤務時間が常勤職員と同一であるフルタイムの職と、それ以外のパートタイムの職に分類されました（地公法第22条の2）。

　また、フルタイムの職には、給料、旅費及び一定の手当が、パートタイムの職は、報酬及び費用弁償が、それぞれ支給対象となったほか、期末手当の支給も可能となりました（地方自治法第203条の2、第204条）。

図表87　会計年度任用職員制度の概要

<table>
<tr><td colspan="2"></td><td>フルタイム<br>（地公法第22条の2第1項第2号）</td><td>パートタイム<br>（地公法第22条の2第1項第1号）</td></tr>
<tr><td colspan="2">勤務時間</td><td>常勤職員と同じ</td><td>常勤職員より短い</td></tr>
<tr><td colspan="2">募集・採用</td><td colspan="2">公募・競争試験　又は　選考（地公法第22の2第1項）</td></tr>
<tr><td></td><td>条件付採用</td><td colspan="2">1月（1月間の勤務日数が15日に満たない場合は、15日に達するまで）（地公法22条の2第7項、22条）</td></tr>
<tr><td></td><td>任期</td><td colspan="2">採用日の属する会計年度の末日までの期間の範囲内　（地公法22条の2第2項）</td></tr>
<tr><td></td><td>更新</td><td colspan="2">採用日の属する会計年度の範囲内で更新可（地公法22条の2第4項）</td></tr>
<tr><td></td><td>再度の任用</td><td colspan="2">新たな職への任用</td></tr>
<tr><td colspan="2">服務・分限・懲戒</td><td>常勤職員と同様</td><td>常勤職員と同様<br>※営利企業従事制限は適用除外</td></tr>
<tr><td colspan="2">人事評価・研修</td><td colspan="2">適用</td></tr>
<tr><td colspan="2">人事行政運営状況の公表</td><td>適用</td><td>適用外</td></tr>
<tr><td colspan="2">給付</td><td>給料、旅費、手当</td><td>報酬、費用弁償<br>※地域手当等は報酬水準に加味<br>※退職手当なし</td></tr>
<tr><td colspan="2"></td><td>年次有給休暇<br>公民権行使等<br>産前産後休暇</td><td></td></tr>
</table>

| | | | |
|---|---|---|---|
| 休暇 | | 育児時間<br>子の看護休暇<br>介護休暇<br>育児休業・部分休業<br>など | 同左<br>（一定の条件を満たすものに限る） |
| その他の勤務条件 | | ・労働安全衛生法に基づく健康診断<br>・ストレスチェック<br>・ハラスメントに関する措置 | 同左<br>（一定の条件を満たすものに限る） |
| 社会保険等 | 労災保険 | 公務災害補償等条例　又は労災保険<br>※採用後1年経過後「地方公務員災害補償基金」を適用 | 公務災害補償等条例<br>労災保険 |
| | 雇用保険<br>退職手当 | 雇用保険<br>※退職手当支給対象者となった場合には資格を喪失する | 雇用保険<br>※以下のいずれも満たす者<br>・週所定勤務時間が20時間以上<br>・31日以上引き続き雇用されることが見込まれる者 |
| | 健康保険<br>年金保険 | 協会けんぽ・厚生年金<br>※採用後、1年経過後、地方公務員等共済組合に加入 | 協会けんぽ、厚生年金<br>※以下のいずれも満たす者<br>・週の所定労働時間が20時間以上であること<br>・賃金の月額が8.8万円以上であること<br>・雇用期間が1年以上見込まれること<br>・学生でないこと<br>【令和4年10月より】<br>上記の者の健康保険は、地方公務員等共済組合に加入となる。 |

## ▶▶ 正しく制度を運用するための6つのポイント

　各自治体では、新たな臨時・非常勤職員制度の施行に当たり、「会計年度任用職員制度の導入等に向けた事務処理マニュアル（第2版）（以

下「事務処理マニュアル」という。)」等を踏まえた対応を行っています。

　令和2年12月の総務省からの適正運用通知では、各自治体では概ね制度趣旨に沿った運用が図られているとしながらも、対応が十分でない団体もあることから、特に任用根拠や雇用形態など、6つの点について留意するよう要請しています。

### （1）特別職の任用根拠の適正化

　特別職の任用は、「専門的な知識経験又は識見を有する者が就く職であって、当該知識経験等に基づき非専務的に公務に参画する労働者性の低い職であり、助言、調査、診断等を行う職」に限定されています。このため「勤務日数が多くフルタイムで任用されている職」「上司との指揮命令関係のある職」の場合には、労働者性の低い職であるとの任用要件に沿っているか十分に検証の上、必要に応じ、適切な措置を講ずることが求められています。

### （2）適切な募集・任用の実施

　募集について、均等な機会の付与の考え方を踏まえた適切な措置を講ずることが要請されています。会計年度任用職員の募集要件は、各所属が設定しますが、人事担当者としても内容を確認していく必要があります。特に会計年度任用職員は、定年制は適用されないことから、60歳以上の者の募集を一律に制限するなどの取扱いは適切ではありませんので、注意しましょう。

　また、再度の任用に当たっても、任用期間や勤務時間、給与・報酬、各種社会保険等の勤務条件を明示するとともに、地方公務員法上の服務規定の適用や懲戒処分、人事委員会又は公平委員会への苦情相談等の対象となる旨を説明すべきとされています。このことは、募集の段階では職業安定法第5条の3で、採用時では労基法第15条第1項で事業主にそれぞれ義務付けられています。また、地方公務員には適用されませんが、短時間労働者及び有期雇用労働者の雇用管理の改善等に関する法律第6条でも労働者に対する昇給の有無や相談窓口などの説明が義務付けられており、その趣旨に沿った運用も求められます。

### （3）「空白期間」の適正化

　退職手当や社会保険料等を負担しないようにするため、再度の任用の

際、新たな任期と前の任期との間に一定の期間（いわゆる「空白期間」）を設けることは適切ではないとされています。また、一旦定めた任期の途中で任用を打ち切ることは、労働契約法において「やむを得ない事由である場合」に限定されています。この法律は地方公務員には適用されませんが、その趣旨を踏まえて慎重に対応する必要があります。

## (4) 適切な給与決定

### ①フルタイム会計年度任用職員の給与

会計年度任用職員の給料水準は、国の職員、常勤職員、民間企業の給与水準とのバランスを保ちつつ、職務遂行上必要となる知識、技術及び職務経験等の要素を考慮して定めることになります。

また、会計年度任用職員が間断なく翌年度に任用される場合には、「無期雇用・有期雇用に関わらず勤続による職業能力の向上に応じた部分につき、同一の昇給を行う」とする同一労働同一賃金ガイドラインの考え方を踏まえ、昇給的要素を加えた給与水準となります。ただし、会計年度任用職員は、任期が一会計年度内に限られ職務と責任の程度が常勤職員とは異なることから、給料水準に一定の上限を設けることも可能です。

なお、保育士や看護師等の専門職種や、スクールソーシャルワーカーなどの類似する常勤職員が公務にない職種の場合は、職務給の原則、均衡の原則等に基づき、地域の民間企業における給与水準等を考慮し、事務職よりも高い給与水準や上限を定めることもできます。

**図表88　給与水準決定の際の考慮事項**

| 考慮事項 | 対応 |
|---|---|
| 類似する職務に従事する常勤職員の属する職務の級の初号給の給料月額 | 常勤職員の各給料表の１号給の金額がベースになる。<br>※より高度な知識技術が必要となる場合は水準を引き上げることは可能。（図表87を参照） |
| 職務の内容や責任 | 常勤職員では「職務の級」で考慮されている<br>⇒フルタイム会計年度任用職員の職務の内容や責任から１級又は２級に相当する。 |
| 職務遂行上必要となる知識、技術及び職務経験等の要素 | 常勤職員では「号給」として学歴免許等の資格や経験年数が考慮されている。<br>⇒常勤職員と同様に、学歴免許等の資格や経験年数を考慮することが必要。 |

図表89　フルタイム会計年度任用職員の給与水準イメージ

右表は、一般的な行政職給料表（一）の例。医療職給料表でも同様。

1-1をスタートとする①がもっとも基本的な給料水準となる。一般事務が典型。

②及び③は、より専門的又は高度な知識及び技術を必要とする職種に用いる水準。
保育士や消費生活相談員などが考えられる。

②の破線は、行（一）の1-1を基礎とすると給料水準が低すぎてしまう場合、職務の専門性などを理由に給料水準を引き上げる場合のイメージ。

⇒　給与水準を引き上げる場合は、類似業種の常勤職員の初任給との関係も考慮する必要がある。

| 職務の級 | 1級 ① | 2級 ③ | 3級 | |
| 号給 | 給料月額 | 給料月額 | 給料月額 | |
| --- | --- | --- | --- | --- |
| 1 | 144,100 | 194,000 | 230,000 | 略 |
| 2 | 145,200 | 195,800 | 231,600 | |
| 3 | 146,400 | 197,600 | 233,100 | |
| 4 | 147,500 | 199,400 | 234,700 | |
| 5 | 148,600 | 200,900 | 236,100 | |
| 9 | 153,000 | 207,900 | 242,100 | |
| 17 | 164,200 | 221,700 | 253,800 | |
| 21 | 170,100 | 228,000 | 260,500 | |
| 25 | 180,700 | 234,000 | 267,600 | |
| 29 | 187,200 | 239,500 | 274,800 | |
| 40 | 203,500 | 252,900 | 294,300 | |

（②は1級の列の枠を示す）

図表90　フルタイム会計年度任用職員の号給加算の考え方

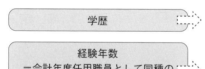

学歴　┄┄▷　職種によって、一部を考慮する（専門的な職種では基礎号給に反映）

経験年数
＝会計年度任用職員として同種の職務に在職した年数　┄┄▷　職種を問わず、12月につき4号給ずつ号給を加算

経験年数以外の年数
※2
同種の職務に在職した年数
（常勤職員の例によれば高い換算率で換算する年数を想定）　┄┄▷　経験年数への換算は行わず、専門的な職種において、この一部を「実務経験」として基礎号給に反映

※2　当該地方公共団体の職員として在職した年数も経験年数以外の年数となる。

（出典：全国町村会「令和元年7月2日第2回地方公務員法及び地方自治法の一部改正に関する説明会資料」を参考に作成）

②パートタイム会計年度任用職員の給与水準

　パートタイムの会計年度任用職員の場合は、フルタイム会計年度任用職員の給与水準を基礎として、次の事項を要素として決定されます。

**図表91　パートタイム会計年度任用職員の給与水準の考慮事項**

| 考慮事項 | 対応 |
|---|---|
| パートタイムの会計年度任用職員と同種の職務に従事するフルタイムの会計年度任用職員の給与決定の権衡等に留意する。 | 「一週間当たりの通常の勤務時間の割合」に応じて支給することが最も均衡がとれる。 |
| 職務の内容や責任、在勤地域 、職務遂行上必要となる知識、技術及び職務経験等の要素を考慮する。 | 「在勤する地域」の要素を考慮するとは、地域手当相当額を加味するということを指す。 |
| 職務に対する反対給付という報酬の性格を踏まえた上で勤務の量に応じて支給する。 | ・「職務に対する反対給付」の場合、住宅・扶養手当などの生活給的手当は報酬水準に加味する必要はない。<br>・特殊勤務手当等職務給的手当は報酬水準に加味する。<br>・「勤務の量に応じて支給」とは、勤務実績に応じて、日額制、時間額制による後払いが基本となる。 |

**図表92　パートタイム会計年度任用職員についての基本的な考え方**

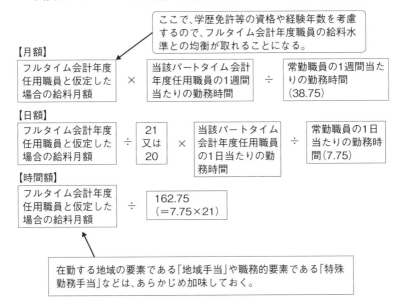

（出典：全国町村会「令和元年7月2日第2回地方公務員法及び地方自治法の一部改正に関する説明会資料」を基に著者作成）

③　臨時的任用職員の給与

　臨時的任用職員は、「常時勤務を要する職」に就く職員として位置付けられるため、常勤職員に適用される給料表及び初任給基準に基づき、学歴免許等の資格や経験年数を考慮して適切に給与決定するとともに、諸手当については、常勤職員と同様に支給する必要があります。

## （5）適切な勤務時間の設定

　勤務時間については、職務の内容や標準的な職務の量に応じた適切な勤務時間を設定することが必要です。例えば、フルタイムに相当する職務量にもかかわらず、パートタイムとするため勤務時間をわずかに短くすることは不適切な取扱いとされます。

　また、年度の任期途中などで勤務時間の変更をする場合には、それに伴う給与額の増減・期末手当の支給要件の該当有無、社会保険や税法上の配偶者控除の適用など、当該職員の処遇に影響を与えます。また、会計年度任用の有無職員の中には、配偶者の扶養の枠を外れないために、「就業調整」を希望する場合もあります。このため、変更する際には、職員に勤務時間変更による影響を正確に情報提供して納得を得る必要が

図表 93　勤務時間変更に影響される事項と要件

| 項目 | 支給又は適用要件 |
|---|---|
| 期末手当 | 6 か月以上の任期<br>週の所定勤務時間が週 15 時間 30 分以上 |
| 健康保険・厚生年金保険 | 任期が 2 か月を超える<br>週の所定勤務時間が 20 時間以上、報酬月額が 8.8 万円以上など |
| 配偶者控除 | (1) 民法の規定による配偶者であること（内縁関係の人は該当しません）。<br>(2) 納税者と生計を一にしていること。<br>(3) 年間の合計所得金額が 48 万円以下（令和元年分以前は 38 万円以下）であること（給与のみの場合は給与収入が 103 万円以下）。<br>(4) 青色申告者の事業専従者としてその年を通じて一度も給与の支払を受けていないこと又は白色申告者の事業専従者でないこと。 |

（出典：国税庁「事務処理マニュアル」及び同庁ホームページを基に著者作成）

あります。

## （6）適切な休暇等の設定

国の非常勤職員との間に差が出ないように適当な考慮を払います。詳しくは「事務処理マニュアル国家公務員（非常勤職員）等の休暇」等を参照してください。

なお、年次有給休暇については、労基法の規定で、消滅時効は2年であり、「継続勤務」の要件に該当する場合に繰越しをしない取扱いは、不適切な取扱いになります。「継続勤務」に該当するかどうかは、形式的に任用の期間が継続しているかではなく、実質的な勤務関係の継続から判断されますので、注意しましょう（東京地判平成9年12月1日判タ984号174頁等）。

## ▶▶▶ 制度運用に関するプラスアルファの知識

## （1）同一労働同一賃金

民間労働者に適用される短時間労働者及び有期雇用者の雇用管理の改善等に関する法律では、同一企業内における正規雇用労働者と非正規労働者との基本給や賞与など、あらゆる待遇について不合理な待遇差を設けることが禁止されています（第8条、第9条）。また、待遇ごとの判断基準を明確化するため、「同一労働同一賃金ガイドライン」が定められ、待遇に関する説明義務が強化されています（第14条）。この法律は地方公務員には適用されませんが、会計年度任用職員制度に大きく影響を与えています。例えば一定の要件を備えた者は期末手当を支給するなどは、正規職員との均衡を図ったものといえます。

また、令和2年10月には、このテーマに関する最高裁判決が2件続き、その待遇差の合理性について社会的な注目度が高まっています。このため、会計年度任用職員と正規職員との処遇について、「何が違うか、なぜ違うのか」を、所属の管理職や担当者が会計年度任用職員から説明を求められる場面が多くなることが今後想定されます。そのため事前に人事担当者から正確な情報を提供するなど準備が求められます。

図表94　同一労働同一賃金に関する訴訟の最高裁判決の内容（令和2年）

| 原告 | 対象 | | 判断 |
|---|---|---|---|
| 日本郵便契約社員 | 扶養手当 | ○ | 正社員と職務内容に相応の相違があっても、手当の不支給や休暇を与えないことは不合理（10月15日第1小法廷） |
| | 年末年始勤務手当 | ○ | |
| | 夏季冬季休暇 | ○ | |
| | 祝日給 | ○ | |
| | 病気休暇 | ○ | |
| 大学のアルバイト秘書 | ボーナス | × | 正社員と職務内容に一定の相違があり、不支給には不合理性がない（10月13日、第3小法廷） |
| 駅売店の契約社員 | 退職金 | × | |

※○＝不合理（支給すべき）、×不合理でない（支給しなくてもよい）

## （2）能力開発と意欲向上の施策

　会計年度任用職員は、今や様々な分野で活用され、地方行政の重要な担い手となっており、その活用の在り方が、行政サービスの質に影響を与えます。引き続き、適正な任用・勤務条件を確保に加え、能力開発や意欲の維持・向上策を、充実させることも求められるでしょう。例えば、会計年度任用職員が、常勤職員、育児休業任期付職員、短時間任期付職員など本格的な業務にステップアップすることに挑戦する機会を設けることも選択肢の一つです。

## （3）兼業副業の拡大

　このほか、令和2年4月からパートタイム会計年度任用職員に営利企業の従事制限が適用されなくなり、一人の職員が、同一自治体内の複数の課に所属したり、民間企業に従事するケースも見受けられるようになりました。この場合、労働時間の通算や社会保険上の取扱いが複雑になります。厚生労働省から出された「副業・兼業の促進に関するガイドライン」等の内容を踏まえた対応を図りましょう。また、所属の管理職や庶務担当者が適切な対応が図れるよう、人事担当者からの正確な情報提供が求められます。

# 6│2 ◎…外部人材の活用で組織をアップデートする

## ▶▶ 民間委託の活用は新たな領域に拡がっている

　多くの自治体では、厳しい財政状況の中、効率的・効果的な事務の執行と市民サービスの向上を目指し、「民間にできることは民間に任せていく」という方針の下、様々な業務の民間委託が推進されています。

　これまで自治体での委託対象は、「専門性を要しないが定型的な業務」、例えば、総務事務、清掃、給食、ごみ収集、夜間警備、公用車運転、道路維持補修等の業務などの「汎用定型業務」が中心でしたが、最近では、窓口業務などの専門定型的業務の領域への拡大も進んでいます（**図表95**）。

**図表95　自治体の業務分類（例）**

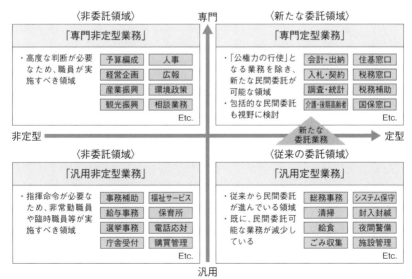

（出典：株式会社　日立コンサルティング「地方自治体における民間委託の更なる推進について」）

事務事業の委託化は、公共サービスの質の向上やサービス提供に係る必要コストの削減が期待されます。例えば、窓口業務の委託では、人件費の縮減や民間ノウハウによる業務効率化による経費削減になるとともに、職員を窓口以外に配置することが可能となります。また、委託事業者による窓口人員配置の効率化、労務管理の効率化も図られ、待ち時間の短縮等、住民サービス向上が実現できるとされています。

図表96　地方公共団体の窓口業務の委託例

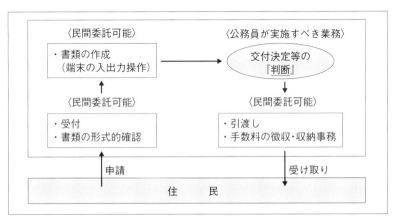

（出典：内閣府公共サービス改革推進室「地方公共団体の適正な請負（委託）事業推進のための手引き」

　一方、委託の推進には、個人情報の取扱い、委託可能範囲の明確化、職務経験の承継が難しいという課題もあります。また、「偽装請負」の問題にも注意が必要です。この偽装請負とは、契約上は委託（請負）とされているものの、発注者が事業者の労働者を指揮命令するなど実質的に労働者派遣法の「労働者派遣事業」に該当してしまうことです。自治体が委託した業務について労働局から偽装請負との指摘を受けるケースもあることから、受託者の業務スペース等に仕切りを設けるなどの工夫を図ったり、監督する職員にも注意すべき点を教育する必要があります。詳しくは、内閣府　公共サービス改革推進室が発行している「地方公共団体の適正な請負（委託）事業推進のための手引き」を参照してください。

## ▶▶ 労働者派遣の活用と注意点

　労働者派遣とは、派遣会社（派遣元）に雇用されている労働者を他の企業（派遣先）の指揮命令を受けて働くことをいいます。

　自治体では、選挙事務従事職員などの一時的・季節的な業務量の変動に対応するほか、一時的な欠員代替などが活用されています。

　労働者派遣は、派遣社員を派遣元が、募集、採用し、社会労働保険などの諸手続きを行う点が、直接採用する場合と異なります。また、派遣労働者に対して直接業務指示ができる点で、委託（請負）と異なります（図表97）。

図表97　直接雇用、請負、労働者派遣との違い

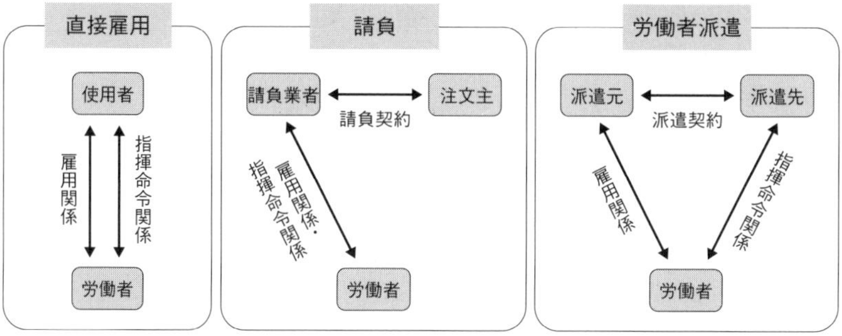

　派遣職員の受入れに際しては、違法派遣にならないよう留意するとともに、勤務時間管理、勤務環境の整備、ハラスメントに関する措置、派遣先の責任となる事項について、厚生労働省が定めた「派遣先が講ずべき措置に関する指針」を適切に実施することが求められます。

---

【違法派遣に該当する事項例】
①労働者派遣の禁止業務（警備業務、医療業務など）に従事させた場合
②無許可の事業主から労働者派遣を受け入れた場合
③事業所／個人単位の期間制限に違反して労働者派遣を受け入れた場合
　※同一事業場への受け入れ可能期間は3年までであり、「同一事業場」
　　は、所属ではなく任命権者を指していること

## ▶▶▶ 新たな委託の形態　〜民間の復業人材の活用〜

　これまでは自治体が民間企業等の従業員を当該民間企業等に在籍したまま採用するには、一般的に、任期付職員や地公法第3条第3項第3号に基づく特別職による採用が活用されてきました。例えば、DX推進に必要なデジタル人材については、これらの任用形態が活用されてきました。

　これに加えて、近年、働き方改革推進による柔軟な働き方、コロナ禍における新しい働き方が拡がる中で民間企業では副業が推進されています。そして一部の自治体では、この副業人材を活用する動きも出てきています。例として、令和元年には、北海道余市町や大阪府能勢町が、戦略推進ポジションの人材を副業・兼業限定で募集し、任期付職員として採用しています。

　また、副業人材の新たな活用という視点では、委託形式での副業人材の活用ケースも出ています。例として、岡山県岡山市では、株式会社みらいワークスの支援を受け、令和2年6月に「戦略マネージャー職」を副業・兼業限定で募集し、民間企業の実務経験者を対象で、契約形態は業務委託、週1日程度の勤務で、日給25,000円程度となっています。

　さらに兵庫県神戸市では、令和2年9月に、株式会社クラウドワークスのサービスを利用して、広報関連の専門スキルを持つ「副業人材」40名を募集しています。業務内容は、SNS・広報紙用の記事制作や動画の企画・写真の撮影などで、基本的に登庁を伴わないオンラインでの業務を行っています。契約形態は業務委託という扱いになっています。

　このような新しい動きは、新たな行政サービスや地域づくりをすすめていくうえで活用メリットはあり、職員の刺激にもなるでしょう。副業人材に期待することや役割分担を明確化し、偽装請負対策など、受け入れ側の体制づくりは十分講じたうえで積極的な活用を進め、組織のあり方をアップデートする未来が近づいてきているのかもしれません。

# 6｜3 ◎…女性の活躍<br>推進施策

## ▶▶ 女性活躍推進とは

女性活躍推進施策とは、「女性が出産や育児などのライフイベントによりキャリアを中断することなく働き続けること」「女性の職域を拡大することや管理職比率を高めること」に関わる人事施策をいい、具体的には、女性の積極的な採用、就業継続に関わる両立支援制度、管理職への登用促進などがあります。これらの施策を進めることにより、人材の確保、定着、職員のやる気向上、多様な視点を取り入れた行政サービス展開などへの効果が期待されています。

政府は、これまで「女性が輝く社会」をつくることを最重要課題の一つとして位置付け、様々な政策を推進してきました。

当初、女性の就労に関する施策は、平成元年に制定された男女雇用機会均等法による性別による差別的取扱いを禁止するなど「等しく扱うこと」（均等待遇）と育児休業・育児短時間勤務などの両立支援制度により「仕事を続けること」（就労継続）が中心でした。その後、一定の就労継続は進んだものの、子育て中の女性が時間制約などにより、役割・仕事が限定される、いわゆる「マミートラック」になりやすく、「活用・活躍」という点で課題が生じています。

このような課題に対応するため、平成28年4月に女性活躍推進法が施行されました。この法律では、管理職や採用者に占める女性割合など女性活躍に係る数値目標を盛り込んだ行動計画の策定・公表、職業生活における女性活躍に関する情報の定期的な公表が、国や自治体を含む事業主に義務付けられています。また、令和元年5月に、行動計画の策定義務の対象拡大や情報公表の強化等を内容とする法改正が行われ、順次

施行されています。

## ▶▶ 女性活躍推進のためにできること

　「女性が限られた仕事にしか就けない」「管理職になれない」という課題を解消するには、女性活躍推進施策の制度を整備するだけでなく、採用から配置・育成・昇任にわたる長いプロセスにおける取組みが必要となります。まずは、次の事項に取り組んでみましょう。

### （1）現状を分析する

　「採用した職員に占める女性職員の割合」「継続勤務年数の男女の差異」「管理的地位に占める女性職員の割合」を把握しましょう。

　これらのデータの目標の値と自団体の値を比較し、自団体における女性活躍状況のタイプを確認し課題を整理しましょう（総務省「地方公務員におけるダイバーシティ・働き方改革推進のためのガイドブック」22頁を参照）。

### （2）組織にある固定観念を認識する

　性別による役割分業意識は組織内に隠れて存在し、管理職の行動や職場での職務分担に影響します。結果として、女性の昇進意欲を減退にもつながります。

　内閣府男女共同参画局が令和3年度に行った「性別による無意識の思い込み（アンコンシャス・バイアス）に関する調査研究」の調査結果では、「職場では、「育児期間中の女性は重要な仕事を担当すべきではない」との意識が強い。」との回答が男女ともに1位に挙がっています。内閣府では、組織に隠れた固定観念を認識するためのチェックシートが発行されています。職員アンケートの項目に活用するなど、組織にある固定観念を認識するための参考としてください。

### （3）働き方を見直す

　時間制約のある職員や一定の配慮が必要な職員が活躍できる職場環境をつくることが重要です。そのためには、これまで当たり前とされてきた業務の進め方についても、今一度必要性や効率性を見直し、業務の改善・効率化を図ることが大切です。

# 6│4 ◎…障害者雇用の推進

## ▶▶▶ 自治体には障害者雇用が求められている

　本節では自治体が障害者雇用を推進するための基本の知識を紹介します。

　国・自治体、民間企業等の事業主には、障害のある人が職業人として自立しようとする努力に対して協力し、また、その雇用を促進することが求められています（障害者基本法第19条、障害者雇用促進法第5条）。特に国及び自治体は自ら率先して障害者雇用を進めていく責務があります（障害者雇用促進法第6条）。

　令和2年の障害者雇用者数は、57.8万人と、17年連続過去最高を更新し、全体雇用者数との割合（実雇用率）は2.15％で拡大傾向です。また、障害種別でみると、身体障害者35.6万人、知的障害者13.4万人、精神障害者8.8万人です（出典：厚生労働省「障害者雇用率制度・納付金制度について」令和3年1月22日）

## ▶▶▶ 障害者雇用促進法の仕組み

　障害者雇用促進法では、全ての事業主は、勤務する職員の一定割合（＝法定雇用率）以上の対象障害者（身体障害者、知的障害者、精神障害者保健福祉手帳の交付を受けている精神障害者）を雇用することが義務づけられています（法定雇用率制度）。民間企業の法定雇用率は2.3％、国や地方公共団体は2.6％、都道府県などの教育委員会は2.5％の法定雇用率がそれぞれ設定されています。

　また、障害者雇用率制度の実効性を確保するため、国や地方公共団体

には、障害者の任免状況を都道府県に報告し、公表することが求められています。公的機関に適用される障害者雇用率制度の詳細については、「障害者である職員の任免に関する状況の通報に係る手引」を確認しておきましょう。

## ▶▶ 障害者活躍推進計画を作成・公表する

障害者が活躍しやすい職場づくりや人事管理を進めていくため、厚生労働省が定めた「障害者活躍推進計画作成指針」に基づき、障害者活躍推進計画を作成し、公表する必要があります（障害者雇用促進法第7条の3）。

計画期間は、概ね2〜5年間で、達成目標、具体的な取組み、実施時期を盛り込むこととなっています。また、計画に基づく取組みの実施状況を把握・点検し、毎年少なくとも1回、実施状況を公表することも必要となります。

障害者活躍推進計画の作成に当たっては、厚生労働省「障害者活躍推進計画作成指針」「障害者活躍推進計画の作成手引き」「障害者活躍推進計画の作成手引きに係るQA集（第3報）」を確認してください。

## ▶▶ 障害者雇用推進者、障害者職業生活相談員をおく

障害者雇用の推進に関する実務責任者として、「障害者雇用推進者」を選任する必要があります（障害者雇用促進法第78条）。障害者雇用推進者には、法定雇用率の達成と障害のある職員が活躍できる職場環境の整備を促進する役割があります。

また、障害のある職員の相談・支援を行う担当者として、その勤務する職員から「障害者職業生活相談員」を選任する必要があります（同法第79条）。

なお、相談員は、厚生労働省令で定めている一定の資格要件を満たすか、厚生労働省が実施する「公務部門向け障害者職業生活相談員資格認定講習」を修了する必要があります。

## ▶▶▶ 障害のある人に対しては人事管理上の配慮が必要

　募集・採用段階や採用後において、賃金の決定、教育訓練の実施、福利厚生施設の利用その他の待遇について、障害を持つことを理由に、不当な差別的取扱いはできません（障害者雇用促進法第34条、第35条）。

　そのほか、障害者雇用を進めるうえで、障害のある人と障害のない人との間で均等な機会の確保ができるよう、事業主には募集、採用、職務遂行に関して、障害の特性に配慮した必要な措置を講ずる「合理的配慮」も求められます（同法第36条の2、第36条の3）。

　合理的配慮の具体的な内容は、次の資料を参照してください。

・「職員の募集及び採用時並びに採用後において障害者に対して各省各庁の長が講ずべき措置に関する指針（国家公務員の合理的配慮指針）」
・「国の行政機関における障害者である職員等への合理的配慮の事例集（人事院）」
・「公務部門における障害者雇用マニュアル資料編」
・公的機関における障害者への合理的配慮事例集【第6版】（地方公共団体等）

## ▶▶▶ 人事担当者に求められる取組み

### （1）障害者雇用に関する職場の理解醸成を図ろう

　障害のある人を職員として受け入れ、定着を図るためには、人事担当者だけでなく、職場全体の理解と援助が不可欠です。

　そのためには、職員向けの研修、説明会の実施、Q＆A作成などで障害に関する基礎知識や配慮事項等について、具体的な情報提供を行うことが求められます。障害別にみた特徴と雇用上の配慮については、「公務部門における障害者雇用マニュアル」にまとめられていますので、一読しておきましょう。

### （2）障害のある職員の職場定着支援を行おう

　障害のある職員が職場に適応していくためには、職場環境やサポート体制を充実させる必要があります。

具体的には、各種支援機器を導入するなどハード面や就労に関する配慮事項を事前に職場に説明しておくことも大切です。

　なお、障害のある職員がいる所属の上司や、サポートを行う職員については、その日々の取組みを、人事評価上の評価要素の一つとして反映させることも、一緒に取り組んでくれた職員へ一定の業務負担に報いる点で職場理解の醸成につながります。

## （3）障害のある職員が活躍できる支援を行おう

　障害者雇用の促進は、様々な障害のある人がその障害の特性に応じて能力を発揮し活躍できる社会を作り出すことが目的です。障害のある職員が役割を果たし、組織や周囲の職員に「やってもらって助かった」「ありがたい」と評価されるよう、所属で職務選定を促進していくことも人事担当者としての大切な役割です。

　職務の選定には、「類似の職場・職務における事例を参考にする」「各部署に対するアンケート調査・職員からヒアリングにより新たな職務を創出する」「定型的な職務を集めて新たな職務として再構築する」などの方法があります。

　公務部門に共通して創出できそうな作業や具体的な選定方法は、「公務部門における障がい者雇用マニュアル」で紹介されていますので、確認してみましょう。

# 6|5 ◎…高年齢職員の活用の「今」と「これから」

## ▶▶ 高年齢職員の活用の「今」　～再任用制度～

　生涯現役社会の施策が進む中、自治体においては定年退職した高年齢職員を再任用職員として活用しています。

　再任用制度は、公的年金の支給開始年齢が、平成25年度以降段階的に60歳から65歳へと引き上げられたことに伴い、60歳定年制度のままでは無収入となる期間が発生することへの対応を図る必要があったものです。国からの「地方公務員の雇用と年金の接続について」（平成25年3月29日）の要請では、その趣旨と留意事項が示されています。

　定年退職等により一旦退職した者を1年以内の任期で改めて採用可能とするもので、フルタイム勤務と短時間勤務の任用形態があります。なお、再任用職員の給与は各職務の級につき単一の給料月額とされ、手当の内容も定年前とは異なる内容となっています。

　各自治体における再任用制度は条例で定められており、人事院ホームページでは国の制度を知ることができます。再任用制度の運用を担当するときはこれらを確認しておきましょう。

## ▶▶ 高年齢職員の活用のこれから　～定年の引上げ～

　高年齢職員については、これまで再任用職員として活用されてきましたが、定年退職によって心理的な一区切り感が生じたり、再任用後の職位や収入が定年退職前よりも下がることもあり、職員が高い意欲を持ち能力を発揮する仕組みとしては限界がありました。

　このような状況を受け、60歳を超える職員の能力・経験をより本格

的に活用するため、定年を段階的に引上げることを内容とする国家公務員法と地方公務員法の改正法が令和3年6月に成立公布され、令和5年4月1日より施行されます。ポイントを押さえておきましょう。

## （1）定年の段階的引き上げ

公務員の定年は、令和5年度から令和12年度にかけて、2年度ごとに1歳ずつ、引き上げられます。

図表98　定年の段階的引き上げ

|  | 現行 | 令和5年<br>〜6年 | 令和7年<br>〜8年 | 令和9年<br>〜10年 | 令和11年<br>〜12年 | 令和13年<br>（完成型） |
|---|---|---|---|---|---|---|
| 定年 | 60才 | 61才 | 62才 | 63才 | 64才 | 65才 |

## （2）役職定年制の導入

組織の新陳代謝を確保し、組織活力を維持するため、管理監督職勤務上限年齢制（役職定年制）が導入されます。つまり、60才を超えると、管理職として働くことはできなくなるということです。この管理監督職の範囲及び管理監督職勤務上限年齢については、国家公務員とのバランスを考慮した上で、条例で定める必要があります。なお、この管理監督職の範囲は、管理職手当の支給対象となっている職を、管理監督職勤務上限年齢は60歳とすることが原則です。

ただし、職務が特殊であったり欠員補充が難しい職であったりするなどの理由がある場合には、管理監督職勤務上限年齢制を適用しなかったり、管理監督職勤務上限年齢を61才以上としたり、引き続き管理職として勤務し続けたりする特例も設けられています。

## （3）定年前再任用短時間制度の導入

定年が引き上がった60歳以降の職員の多様な働き方のニーズに対応するため、65歳まで、短時間勤務の職で再任用が可能な制度も導入されます。勤務時間、給与の仕組み等は、現行の再任用制度（短時間勤務）と同様ですが、任期が常勤職員の定年退職日に当たる日までとなる点で年度ごとの任期である再任用制度とは異なります。なお、定年が段階的に引き上がっている期間は、当該定年から65歳までの間は、現行の再

任用制度と同様の仕組みが「暫定再任用制度」として残ります。

## (4) 情報提供・意思確認制度の新設

　任命権者は、職員が 60 歳に達する日の前年度に、60 歳以後の任用、給与、退職手当に関する情報を提供し、職員の 60 歳以後の勤務の意思を確認するよう努める必要があります。

## (5) 60 歳以降の給与

　給与等については、国家公務員の給与の取扱いに準拠し、次の措置を講ずる必要があります。

①給料・手当は 7 割とする

　職員の給料は、職員が 60 歳に達する日の年度末の給料月額の額に職員に 7 割を乗じた額になります（以下「7 割措置」という。）。

　また、役職定年により降任等をされた職員の給料は、7 割措置を適用した上で、「降任等される前の給料月額の 7 割」と「降任等された後の給料月額の 7 割」との差額が支給されます。

　なお、諸手当についての 7 割措置の取扱いは、手当の種類により異なります（**図表 99**）。

図表 99　60 歳以降の職員の手当の取扱い

| 手当の種類 | 取扱い |
|---|---|
| 管理職手当、初任給調整手当、管理職員特別勤務手当など | 7 割の額を基本に新たな手当額を設定 |
| 地域手当、時間外手当、休日給、夜勤手当、期末手当、勤勉手当など | 給料月額に一定率を乗ずる手当<br>→ 7 割措置に連動 |
| 扶養手当、住居手当、通勤手当、特殊勤務手当、宿日直手当など | 7 割措置の適用対象とならない |

（出典：総務省「定年引上げの実施に向けた質疑応答（第 4 版）」）

　なお、次の職員には、7 割措置は適用されません。

○臨時的職員その他の法律により任期を定めて任用される職員

○定年引上げ前の定年年齢が 65 歳とされている職員

○管理監督職を占める職員のうち、「職務の遂行上の特別の事情」又は「職務の特殊性による欠員補充の困難性」により、管理監督職勤務上限年

齢を超えて、引き続き同職を占める職員等

②退職手当は制度変更による不利益は生じない

　国家公務員の場合、職員が60歳に達した日以後、引き上げ後の定年前に退職する場合、退職手当の基本額を、当分の間、定年退職と同様の率で算定することとなっています。また、役職定年による給料月額の引下げについては、引き下げ前の給料月額を基本として計算する特例（いわゆる「ピーク時特例」）が適用され、制度変更による不利益がないよう考慮されています。

　この他定年引き上げに関する詳細については、詳しくは、総務省ホームページにある以下の資料をご確認ください。

・地方公務員法の一部を改正する法律に関する説明会資料（令和3年6月25日）

・地方公務員法の一部を改正する法律の運用について（通知）（令和3年8月31日）

・質疑応答集（令和4年2月15日更新）

## ▶▶ 定年の引上げを組織活力向上につなげる

　定年の引上げに当たり、高年齢職員がこれまで以上に活躍し、組織活力向上が図られるよう、制度設計し、運用していくことが求められます。特に、役職定年のルールなどの人事管理の在り方、現行の再任用職員と定年引上げ後の職員との役割分担、高年齢職員の安全衛生の確保などを整えていく必要があります。また、引上げ期間中、2年に一度定年退職者が出なくなりますが、新規採用を継続的に行い組織活力を維持していくことが大切です。

　なお、高年齢職員の活用や組織全体の定員管理については、総務省「地方公務員の定年引上げに伴う高齢期職員の活用に関する検討会」「定年引上げに伴う定員管理の在り方に関する研究会」の議論を参考にしてください。

# COLUMN・6

## ダイバーシティ・マネジメントの推進に必要なこと

　「ダイバーシティ・マネジメント」とは、組織力の向上に必要となる多様な人材の活用施策です。ダイバーシティ・マネジメントを取り入れる効果には、多様な意見を持つ者が相互に関わり合うことで変化に迅速に対応できるようになり、組織力が高まるといった点が挙げられています。

　もちろん、単に多様な人材を集めるだけで、効果が上がるわけではありません。逆に、「自分とは合わない」「自分とは違う」と感じる相手が組織内に増え、コミュニケーションがうまく取れない、業務とは関連のない価値観の対立が起こるなどの問題が生じる場合もあります。

　さて、早稲田大学商学学術院教授谷口真美氏によれば、企業におけるダイバーシティの取組みの姿勢は、「抵抗」「同化」「多様性尊重」「分離」「統合」の5つの段階で区分されるとしています。

　多様性に対して、何のアクションも起こさない「抵抗」の状態は、多様性へのプレッシャーがほとんどないと考えて、多様性を回避、拒否するという反応を示します。次に、システム自体は変化させずに、個々の持つ違いを、今あるシステムの中に取り込んでいこうとする「同化」の状態になります。具体的には、「女性管理職の目標登用率が定められているので、女性を登用しなくてはいけない」といった行動です。「多様性尊重」は組織の中に違いがあることを尊重している段階ですが、まだ多様性を活かせていない状態です。

　「分離」は、違いに価値は置くものの特定の部門だけに特化して多様性をとりいれるという点で「同化」よりも一歩進んだ状態ですが、特定の部署や職域に限定した活用では、かえって集団ごとの差別感情を生みだしてしまう可能性もあります。最終的には、個々の違いを認めるだけにとどまらず、組織の仕組みづくりに活かしていくのが統合の段階に至ることが理想の形とされます。

■ダイバーシティの取組みの5つの段階

(出典：谷口真美（2005、2017）『ダイバシティ・マネジメント　多様性をいかす組織』白桃書房）を基に著者作成

　皆さんの自治体のダイバーシティの現状は、どの段階だと思われるでしょうか。

　人事担当者としては、自分たちの自治体のダイバーシティがどの段階にいるのかを意識することで次の段階に進むには何が必要かに気付くこともあるはずです。

　なにより、人材の多様性を成果につなげるためには、性別や年齢などの表面的な違いだけに着目するのではなく、職員それぞれの職歴・スキル・性格・考え方などを踏まえながら、それぞれの補完関係を勘案したメンバー構成としていく意識を持ち続け、統合の段階に近づけることが大切になるのではないでしょうか。

# 第 7 章

# 自治体のみらいと
# 人材育成に関わる仕事

**少**子高齢化による人口減少社会、デジタル化、新型コロナ対策など、自治体を取り巻く環境は急激に変化しています。持続的かつ効果的に行政サービスを提供していくには、この変化に対応できる能力と意欲を持つ職員育成が不可欠です。本章では、自治体の人材育成の目的・枠組み・方向性・具体的な育成手法のほか、職員の成長を組織力向上につなげる取組みを取り上げます。

# 7|1 ◎…自治体の人材育成の仕組み

## ▶▶ なぜ人材育成を行う必要があるのだろう？

　住民に求められる行政サービスの提供が可能な組織づくりを進めるためには、時代の変化に適応できる能力と意欲をもった職員を育成していくことは、重要なテーマです。

　自治体の行政サービスは幅広く、それを担う職員には多くの知識経験が必要となります。また、条例規則などの制定、関係部門との調整など専門的な能力・スキルも求められます。さらに施策を推進するに当たり住民との合意形成を進めていくには、前提として地域住民の持つ価値観や、これまでの地域が歩んできた歴史などを踏まえた、地域の風土に関する深い理解も必要になります。

　これらの行政運営に必要となる知識、経験、能力、地域の風土などの情報は、長い時間をかけて組織と職員の中に蓄えられていきます。そして、職場の上司（先輩）が部下（後輩）に対し、具体的な仕事を通じて行う教育や指導である職場内研修（OJT）などにより、これらの情報が次世代の職員に伝承されていくことになります。この結果、行政サービスの質が長期的に確保され続け、地域からの信頼につながっていくのです。

　このような、長期的かつ計画的に人材育成を進めていくことができる職場環境は、職員にとっても将来の能力向上を見据え、安心して仕事に取り組むことができる場になります。

　そして、職員同士で知識スキルを伝えていく「経験と学習の地道な積み重ね」により、日々の改善の可能性も生まれ、組織力の向上も促されれるでしょう。職員個人、組織の双方にとって成長性の高い環境づくり

は、結果として、人材確保や定着を進め、組織や職場の魅力の向上が図られます。

　さらに時代の動きに合わせて、職員に求められる新しい知識やスキルのアップデートも、これからの人材育成の大きな役割の一つです。今後は、デジタル技術などの新たな基盤を自治体現場に活用していくことが不可欠な時代です。例えば、事前に質問と返答内容を作成し聞かれた質問にあわせて自動で回答を示すチャットボット、音声データを使って自動で会議記録を作成するシステム、画像データのテキスト部分を認識し文字データに変換する AI―OCR などの事務作業の自動化など、AI やRPA の活用がすでに行われています。さらには新年度の保育園児の振割けなどの複雑な作業も AI の活用が可能となってきています。

　本節では、「長期的かつ計画的な人材育成」「学び合う組織づくり新たな知識やスキルのアップデート」を進めるうえでの基礎となる自治体の人材育成の仕組みについて、紹介してきます。

## 自治体の人材育成の枠組み　～人材育成基本方針～

　自治体の人材育成の仕組みは、平成 9 年に発表された地方行政運営研究会第 13 次公務能率研究部会『地方公共団体職員の人材育成～分権時代の人材戦略～』がもとになっています。

　この方針では、自治体が人材育成に取り組むに当たって留意すべき基本的な考え方が示されたほか、人材育成を長期的、計画的に取り組むための人材育成基本方針の策定を各自治体に要請しています。この要請を受けて、各自治体では、人材育成基本方針を定めています。

## 人材育成のこれから　～労務管理から人材マネジメントへ～

　公務員制度を取り巻く状況は、人材育成に関する基本方針の策定を要請した平成 9 年から大きく変化してきています。自治体には、複雑化、多様化する行政課題への対応が求められており、持続可能な行政サービス提供体制を構築するためには、限られた人材を最大限に活用して課題

解決に取り組む必要性が高まっています。

このため、総務省の研究会である「地方公共団体における今後の人材育成の方策に関する研究会」では、人材を代替可能な「コスト」とみる労務管理の視点から、投資する「資源」とみる人材マネジメントの視点へ転換する必要性を強調し、次のポイントを示しています（**図表100**）。

図表100　今後の人材育成の取組みの方向性のポイント

（出典：総務省　地方公共団体における人材マネジメント方策に関する研究会（第1回）資料）

また、令和3年度には、人材マネジメントを自治体で実践する際の課題と対応策を論点に、「地方公共団体における人材マネジメントの方策に関する研究会」が開催されています。総務省のホームページから、この研究会で扱った課題や対応策としての事例などを見ることができます。人事担当者として、今後の方向性を掴むためにも、ぜひ目を通しておきましょう。

# 7／2 ◎…自治体の人材育成の手法

## ▶▶▶ 職場の内外で行う人材育成の手法

職員研修の実施については、地公法第 39 条において、「職員にはその勤務能率の発揮及び増進のために研修を受ける機会が与えられなければならない。」と規定され、各任命権者が、研修に関する基本的な方針及び具体的な計画を定めることとなっています。

人材育成の手法は、大きく「職場内で行うもの」と「職場外で行うもの」に分けられます。

## ▶▶▶ 職場内研修（OJT）とは？

職場内研修（OJT）とは、職場の上司（先輩）が部下（後輩）に対し、仕事に必要な知識や技術などを修得させるために具体的な仕事を通じて行う教育や指導のことをいいます。

職務に関する知識・スキルについて、具体的な仕事を経験しながら学ぶことができ効率的であること、職場外研修よりも費用が安く済むことから多くの企業でも活用されています。指導役の職員を「ブラザー・シスター」「OJT 担当」「メンター」などと称し、職員の成長を数か月から数年にわたって支援する役割を公式的に担わせる場合もあります。

OJT は計画的に実施するもので、日常的な業務をどのように長期的な人材育成につなぎ合わせていくかがポイントとなります。そのためには、育成計画の作成（現状把握、目標設定）、業務遂行と助言、振り返り（事後評価）のサイクルを意識して行うことが大切です。このプロセスは、「①経験」を、「②振り返り」、そこから「③教訓を引き出す」こ

と通じて、次の「④新しい場面で試す」といったサイクルを回し続けることで、職員自身が課題や改善点に気付き、学びを深めていく学習プロセスであるコルブ（1984）の学習経験サイクルモデルに基づくものです。

図表101　コルブの学習経験サイクル

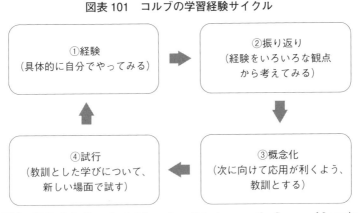

（出典：Kolb, D.A. *Experiential Learning: Experience as the Source of Learning and Development* Prentice Hall 1984 年を基に著者作成）

## ▶▶ OJTの課題と対応　～職場で育てる～

　近年、IT化による仕事の個業化、職場環境の変化、職員間の意識の差やライフスタイルの多様化などから、OJTが機能しにくい状況がある点も指摘されています。これについては即効性のある解決策はありませんが、上司やOJT担当者以外の職員を巻き込んだ「職場で人を育てる視点」を持つことが重要です。

　例えば、仕事の相談に乗ってくれる、必要な情報を提供してくれるなどの「業務支援」、自分自身を振りかえるアドバイスをくれるなどの「内省支援」、プライベートの話に相談に乗ってくれたり楽しく仕事ができる雰囲気を与えてくれたりするなどの「精神的支援」など、他者との関係性の質の高さによって成長が促進されます。

　そして、この人が育つ職場づくりには、何より、所属職員同士が、互いに協力し合あえる信頼関係が大切です。

これについては、一般社団法人日本認知科学研究所理事の石井遼介氏の著書の『心理的安全性のつくり方』（日本能率協会マネジメントセンター、2020年）の中で、**組織やチーム全体に向けた、率直な意見、素朴な質問、違和感の指摘、いつでも誰でも気兼ねなくできる「心理的安全性」のもと、掲げられた目標に向けて粘り強く仕事に取り組む職場が、人を育てる職場である**と述べています。

人事担当者は、管理職や職員から「部下が育たない」「人間関係が悪い」などの育成や人間関係についての相談を受ける立場です。「どのような職場で人が育つのか」を理解し、アドバイスできるようにしましょう。

## ▶▶ 職場外研修（OFFJT）とは？

職場外研修（OFFJT）とは、通常業務とは別に実施されるものです。研修部門が講師を招いてセミナーを開催したり、職員を外部の研修機関に派遣したりして行います。研修内容としては、新規採用職員から管理職に至る階層別研修のほか、業務別の専門能力の向上を目的とした税務事務、会計事務等があります。なお、研修中は一時的に職務に従事できないことから、研修時間は職務免除として取り扱うことが一般的です。

これらの職場外研修の効果には、「業務で培った知識経験や、必要となる知識を体系的に整理できる」「日常業務では経験できない理論や新しいスキルが身につく」「職場とは異なるメンバーで学び情報共有が図れ、人間関係が構築される」ことがあります。

また、外部への派遣研修として自治大学校などの研修機関への派遣のほか、国や都道府県、他自治体や民間企業への派遣研修を取り入れる自治体もあります。これらは、国や都道府県、民間企業に研修の場を提供してもらうという形のOFFJTですが、実際には派遣先での業務経験を積むことで、組織外の人的ネットワーク、新たな仕事の進め方や価値観などの獲得が期待されるほか、異なる組織風土の中で多様なバックグラウンドをもつメンバー間の意見をまとめたり、信頼関係を構築したりする力が培われることも期待されます。

## ▶▶▶ 職員本人の意欲を尊重する自己啓発支援

　自己啓発支援とは、職員本人が、自らの意志によって能力開発や技術の習得を図る取組みです。広く行われている自己啓発支援として、通信教育への補助制度、教育訓練機会の情報提供、グループ活動への支援、講演会やセミナーの実施などがあります。

　しかし自己啓発支援には、「仕事が忙しくて自己啓発の余裕がない」などという課題があり、上司による就業時間の配慮や地公法に定める自己啓発等休業の付与などの措置を講じて実効性を確保することとなります。

## ▶▶▶ 職場外研修、自己啓発支援を充実させるために

　職場外研修や自己啓発支援を効果を挙げるうえで最も重要なことは、職場における学習に対する雰囲気づくりです。

　そのためには、まずは積極的に学習の効果を開示することが大切です。例えば、外部派遣研修の成果発表の開催、研修前後での変化や気づきを冊子にまとめ庁内イントラネットに掲示する、研修参加希望者との直接の対話の場を設けることなどの取組みが考えられます。さらには、職場の上司や同僚から、研修参加前後の職員の成長を紹介してもらうなど周囲を巻き込みその効果を職場全体に拡げていくことも大切です。また、人事評価の評価項目に研修参加や自己啓発を評価する項目に加える、職員表彰するなどの、人事制度の面でも、学ぶことを評価する組織風土づくりを図っていきましょう。

　そのほか、「ポストコロナ」の人材育成施策の一つとして、オンライン研修も活用できるよう、環境を整備し、参加者の利便性の向上や学習機会の拡大を図りましょう。例えば、研修内容を録画し受講者のペースに合わせたオンデマンド型での受講方法を広げていくことも一案です。

## ▶▶▶ ジョブローテーションで人材を育成する

　1つの同じ仕事に長く携わることで知識・能力は習得されていきます

が、一定の段階で仕事の新規性や難しさが薄れてしまい成長の限界が訪れるといわれています。この成長の限界を超える一つの方策として、所属や担当業務の割当てを変更するジョブローテーションが挙げられます。多くの自治体では、特に能力育成期である学卒後の10年間で複数の行政分野にまたがる人事異動が行われています。

　なお、ジョブローテーションには、人材育成のほか、その仕事に最も適した人材の活用を目指す「適材適所」や、「仕事の属人化防止」の効果もあります。

## ▶▶ 効果を高めるジョブローテーションに必要なこと

　人材育成の効果を高めるジョブローテーションを行っていくには、単に所属を変えていくだけでは不十分です。個々の職員が持つ人事評価結果や職歴、研修情報、能力・資格情報、将来のキャリアビジョン等の人事情報を踏まえ、能力に対してプラスアルファとなる仕事を与えていく視点が不可欠です。

　愛知県豊田市では、ジョブローションに当たり経歴管理システムを用い、市の業務を4系統、17分類に分け、その中で職務経験を積ませるようにしています。また、職員に今後経験したい業務領域を選択させたり、異動先に人事担当者が当該職員の経歴を踏まえて、経験が必要となる業務を伝えたりする取組みが行われています。一気に全国的な導入は難しいかもしれません。しかしこの取組みは、一方的に行われがちな自治体の人事異動に「対話」という手法を取り入れているという意味で、大きな意義があるでしょう。

　また、福島県郡山市では各職員のキャリアデザインを支援し、自分が今後どのような経験やスキルを身に付けていくかのイメージをつかんでもらうために、「所属の求人情報」をセクションプロフィールシートとして全職員に公開する取組みを行っています。ポジション毎に必要な、目標や業務に関することを明確化することで、職員の将来の選択にとっての道しるべとなり、自発的なキャリアビジョンの形成につながります。加えて、自分が行きたい所属で求める能力と自身の持つ能力との間の

ギャップを解消するための努力が促される効果も期待できます。

図表 102　セクションプロフィールシート

（出典：福島県郡山市より資料提供）

　このほか、人事異動を「キャリアの成長の機会」として捉え、業務や能力開発に活かしてもらうためにも、組織が職員に寄り添い、計画的に支援することも求められています。この動きは自治体においても動きが少しずつ広がっており、神奈川県では、職員が作成したキャリアプランシートをもとに、職員自らが、能力と適性に応じて職務分野を選択する、「キャリア選択型人事制度」の仕組みを導入し、キャリアデザイン研修や相談体制も導入しています。

　適材適所に人事異動が行われてきた自治体では主体的なキャリア形成は難しいとの声もあり、また、小規模自治体で限られた職員で組織を運営している場合には神奈川県のようなキャリア選択は難しい面もあるのも現実です。一方、定年の引き上げによって働く期間は長期化する中で今後の環境変化に対応できる力を身に付け、自らのキャリアを主体的に考えることは不可欠です。ここで紹介したジョブローテーションを育成につなげていく取組みを参考にしてみてください。

# 7│3 ◎…人材育成の効果を 組織力向上に つなげる

## ▶▶▶ 人材育成と組織の方向を一致させる

　人材育成を進めるに当たっては、それぞれの職員が持つキャリアに対する価値観や専門性への希望を尊重していくことが大切です。一方、環境の変化に対応しながら、多種多様な行政サービスの提供が求められる自治体組織にとっては、組織運営が求める職員を育てていくことも、重要であり、それぞれの方向性を一致させていく取組みが必要です。

　ここからは、人材育成の効果と組織力向上の方向性を一致させる方策について、紹介していきます。

## ▶▶▶ 人事評価制度を活用する

　人材育成の効果と組織力向上の方向性を一致させる取組みとしては、人事評価制度の活用が第一に挙げられるでしょう。人事評価では、能力評価を求める職員像に、業績目標を組織目標に、それぞれ関連づけることで、人材育成の効果を組織が求める方向に向けることができます。

　具体的な例として、長崎県平戸市の取組みを紹介します。平戸市では、「求める職員像」を能力・態度評価に、「組織目標」を業績目標に連動させ、人事給与制度への活用を行っています。通常は評価された結果の活用のみが重視されがちなところ、目標設定の段階から、全庁的な調整会議の場で、目標の方向性やレベル調整を行い、組織レベルで所属・個人の目標と組織の方向性を一致させています。また職場レベルにおいても、一般的に評価者と職員との個人間で行うことが多い目標設定を、グループメンバー全員で行っている点が特徴的です。この取組みにより、組織

内での自分の役割の把握、周囲との協力体制の確保、進捗管理の共有ができるようになり、教え合う環境となることが期待できます。

　その上で、期首、中間、期末の各面談時において、組織と個人の目標の関連付けを"見える化"し、職員個人が組織目標にどの程度貢献できているか実感することができます。これにより職員一人が自らの行動と組織の方向性との整合性を意識しながら業務に取り組むことも期待できるでしょう。

図表103　長崎県平戸市の人事評価と人事マネジメントの運用イメージ

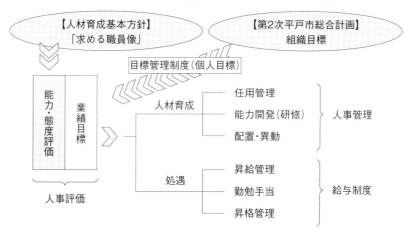

（出典：総務省　地方公共団体における人材マネジメントの方策に関する研究会（第3回）資料）

## ▶▶ 人材の現在を把握する

　組織が求める人材の育成を効果的に進めるうえでは、職員の「現在（いま）」の状態を把握することも大切です。

　職員の「現在（いま）」の状態を把握するには様々な方法がありますが、ここでは、職業能力を表す「エンプロイアビリティ」の概念を紹介します。このエンプロイアビリティとは「雇用されうる能力」をいい、①職務遂行に必要となる特定の知識・技能だけでなく、②協調性、積極的等、職務遂行に当たり、各個人が保持している思考特性や行動特性、③動機、

人柄、信念、価値観等の潜在的な個人的属性に関するものも含まれます。

これらのうち個人的属性に関わる部分は、組織の方針やメンバーとの関係性により、常に変化し、組織活力に影響を与えます。

民間企業の中には、社員と組織の価値観や方向性が一致できているかを表す「組織エンゲージメント」の指標を把握し、更なる組織力向上につなげる取組みも見られます。

自治体においても、大阪府四條畷市における（株）リンクアンドモティベーションの「モティベーションクラウド」の活用事例が有名であり、年3回の調査を行い、職員のエンゲージメント（組織に対する職員の共感度合い）を定量化し、組織改善に活用しています。

予算的な課題もあり組織エンゲージメント調査にはすぐに取り組むことは難しいかもしれません。ただ、職員の現在（いま）を知ろうとするとき、能力スキルだけではなく、組織に対する職員の思いも含めて把握する意義を理解した上で、日頃から現場の声を聞く姿勢を持つことが大切です。

## ▶▶▶ これからの自治体職員を支える仕組みづくり

組織の求める人材育成を進めるには、職員の「現在（いま）」に加えて、「未来（これから）」も知っておく必要があるでしょう。

これからの時代に求められる自治体職員については、総務省の数々の研究会で議論されており、次のような職員像が示されています（**図表104**）。

ここで共通する要素を挙げると、「人しかできない住民に寄り添うサービスを」「組織の枠を超え他者と協働しながら」「新しい知見を実務に活用できる」、そのような職員像が見えてきます。

そして、令和3年度には「ポストコロナ期の地方公務員の在り方研究会」において社会情勢の変化、行政が対応すべき課題を踏まえた、職員を支える仕組み作りに関する議論が始まっています。キーワードは、「デジタル社会への対応」「組織や地域を超える」「誰もが意欲・能力を発揮できる」「組織力の強化」です。

図表 104　これからの自治体職員像に関する総務省研究会の議論

| 研究会名 | 自治体職員の在り方 |
|---|---|
| 自治体戦略 2040 構想研究会第二次報告（平成 30 年 7 月） | ○公共私の協力関係を構築し関係者を巻き込みまとめるプロジェクトリーダー<br>○事務作業は AI 等に任せ、企画立案・対人サービスなど職員しかできない仕事に特化<br>○インフラ維持管理等の希少化する専門職員を自治体の組織の枠を超えて活用 |
| 2040 年頃から逆算し顕在化する諸課題に対応するために必要な地方行政体制のあり方等に関する答申（令和 2 年 6 月　地方制度調査会） | ○地方公務員も地域社会のコーディネーターや有為な人材として、公務以外でも活躍し、地域の課題解決等に積極的に取り組むことが期待<br>○行政実務や政策に通じた地方公務員が地域活動に参画する<br>○他の地方公共団体と連携し、施設・インフラ等の資源や専門人材の共同活用 |
| 地方公共団体における今後の人材育成の方策に関する研究会（令和 3 年 3 月） | ○多様な主体と連携・協働し、地域の課題解決に取り組む職員<br>○住民の状況に応じて寄り添った支援を行う職員<br>○デジタルの力を活用して業務の見直し (BPR) を進める職員 |

　これからの職員の働く場を創っていく人事担当者として、これらの議論を注視し、自らの知識や価値観をアップデートしていく、そのような姿勢が今求められているのです。

## COLUMN・7

# 兼業・副業の促進は、職員育成につながるか

　近年、兼業や副業は、働き方改革の一環として促進されています。
　副業の促進の意義は、組織の枠を超えたネットワーク構築、人材育成地方創生など、多岐に渡ります。
　一方、地方公務員の兼業・副業は、地公法第38条により、営利企業等の従事が制限され、任命権者の許可が必要となります。
　平成31年3月には国家公務員の兼業許可基準が明確化され総務省より、許可基準の明確化及び公表を求める通知が出されましたが、兵庫県神戸市、奈良県生駒市などで、地域活動貢献制度として職員の副業を促進する制度を設けているほかは、それほど広がりは見せていません。

　副業が職務に与える効果には、法政大学石山恒貴教授の研究で、普段と異なる組織外の活動を行うことにより仕事の捉え方が肯定的になる「ジョブクラフティング効果」があるとされます。さらに、組織外の活動に参加・体験することで、机上では得られない「状況的学習効果」もあるとされ、自治体の内部研修のみでは実現が難しい人材育成効果が期待できるのではないでしょうか。

　人材の送り出し側である人事担当者からみれば、職員の副業は、職務への専念意欲を低下させるとして否定的に受け取る感覚があるかもしれません。ただ、地方公務員が「地域社会のコーディネーター」として活躍が期待される中、副業が、外部環境の変化への対応力を職員が自発的に身に付けられる機会だと考えれば、自治体組織の枠に職員を囲い込む考え方を変化させなければいけない時期にあるかもしれません。

　全体の奉仕者性を踏まえ、報酬のみを目的とせず公務の信用を傷つけない社会貢献活動であること、適正な労働時間や健康管理を徹底することなどのポイントを踏まえたうえで、副業を促進していくことは、未来（これから）の地方公務員の人材育成の新たな第一歩ではないかと筆者は感じています。

# 参考資料のご紹介

## 【総務省研究会資料】（ホームページ上の情報を除く）

自治体戦略 2040 構想研究会第二次報告（平成 30 年 7 月）

地方公務員の臨時・非常勤職員及び任期付職員の任用等の在り方に関する研究会（平成 28 年度）

地方公共団体における今後の人材育成の方策に関する研究会（令和 2 年度）

地方公共団体における人材マネジメントの方策に関する研究会（令和 3 年度）

地方公務員の定年引上げに伴う高齢期職員の活用に関する検討会（令和 3 年度）

定年引上げに伴う地方公共団体の定員管理のあり方に関する研究会（令和 3 年度）

ポスト・コロナ期の地方公務員のあり方に関する研究会（令和 3 年度）

## 【総務省資料】

地方公共団体の窓口業務における適正な民間委託に関するガイドライン（平成 28 年 12 月）

会計年度任用職員制度の導入等に向けた事務処理マニュアル（第 2 版）（平成 30 年 10 月）

公務部門における障害者雇用マニュアル（平成 31 年 3 月）

地方公務員におけるダイバーシティ・働き方改革推進のためのガイドブック（令和 2 年 3 月）

地方公共団体におけるテレワーク推進のための手引き（令和 3 年 4 月）

## 【人事院資料】（ホームページ上の情報を除く）

人事評価マニュアル（2021）（内閣人事局・人事院）

令和 3 年人事院勧告（令和 3 年 8 月 10 日）

国家公務員の育児休業等に関する法律の改正についての意見の申出（令和 3 年 8 月 10 日）

定年を段階的に 65 歳に引き上げるための国家公務員法等の改正についての意見の申出（平成 30 年 8 月 10 日）

## 【その他書籍】

『人的資源管理（放送大学大学院教材）』原田順子・平野光俊　2018　放送大学教育振興会

『人事管理入門第 3 版』今野浩一郎・佐藤博樹　2020　日経 BP、日本経済新聞出版本部

『人事管理　人と企業、ともに活きるために』平野光俊・江夏幾多郎　2018　有斐閣

『人事マネジメント』佐藤博樹　2009　ミネルヴァ書房

『新しい人事労務管理第 6 版』佐藤博樹・藤村博之・八代充史　2019　有斐閣アルマ

『経営労働政策特別委員会報告 2021 年版』　2021 日本経済団体連合会

『担当になったら知っておきたい「人事」の基本』深瀬勝範　2018　日本実業出版社

『人事担当者が知っておきたい10の基礎知識。8つの心構え』2010 労務行政研究所編

『図解　人材マネジメント入門』坪谷邦生 2020　ディスカヴァー・トゥエンティワン

『人事の組み立て〜脱日本型雇用のトリセツ〜』海老原嗣生　2021　日経BP

『人事と採用のセオリー』曽和利光　2018　ソシム

『経営力を鍛える人事のデータ分析30』林明文・古川拓馬・佐藤文　2017　中央経済社

『組織行動とキャリアの心理学入門』松山一紀　2009　大学教育出版

『キャリアコンサルティング　理論と実践5訂版』2018　木村周　（一財）雇用問題研究会

『人と組織のマネジメントバイアス』曽和利光・伊達洋駆　2020　ソシム

『マネジメントの心理学』伊波和恵・高石光一・竹内倫和　2014 ミネルヴァ書房

『心理的安全性のつくりかた』石井遼介　2020　日本能率協会マネジメントセンター

『越境的学習のメカニズム』石山恒貴　2018　福村出版

『他者と働く　わかりあえなさから始める組織論』　宇田川元一　2019　ニュースピックス

『テキストブック　地方自治第3版』北山俊哉・稲継裕昭　2021　東洋経済新報社

『自治体ガバナンス（放送大学大学院教材）』稲継裕昭　2013　放送大学教育振興会

『地方公務員制度講義第6版』猪野積　2018　第一法規

『地方公務員法の要点第11次改訂版』　米川謹一郎　2022　学陽書房

『新版逐条地方公務員法第5次改訂版』　橋本勇　2020　学陽書房

『地方公務員の〈新〉勤務時間・休日・休暇第3次改訂版』小川友次・澤田千秋 2020　学陽書房

『現代日本の公務員人事』　大谷基道・河合晃一　2019　第一法規

『職員減少時代の自治体人事戦略』稲継裕昭・大谷基道　2021　ぎょうせい

『プロ公務員を育てる人事戦略　職員採用・人事異動・職員研修・人事評価』稲継裕昭　2008　ぎょうせい

『プロ公務員を育てる人事戦略PART2　昇進制度・OJT・給与・非常勤職員』稲継裕昭　2011 ぎょうせい

『変わるのはいま　地方公務員改革は自らの手で』　中村圭介　2004　ぎょうせい

『公務員のための人材マネジメントの教科書』　高嶋直人　2019 ぎょうせい

『自治体職員再論　人口減少時代を生き抜く』　大森彌　2018　ぎょうせい

『しごと場見学！　市役所で働く人たち』　谷隆一　2015　ペリカン社

『労働基準法解釈総覧改訂16版』厚生労働省労働基準局編　2021　労働調査会

『労働判例百選　第10版』　村中孝史・荒木尚志　2022　有斐閣

『トップ・ミドルのための採用から退職までの法律知識（十四訂）』安西愈　2013 中央経済社

『評価者のための自治体人事評価Q＆A』稲継裕昭　2013　ぎょうせい

『人材評価着眼点シート　改訂3版』楠田丘・野原茂　2008　経営書院

『辞める人・ぶら下がる人・潰れる人　さて、どうする』上村紀夫2020　クロスメディアパブリッシング

●著者紹介

**鳥羽 稔**（とば みのる）

千葉県市川市役所総務部人事課主幹。1976年千葉県生まれ。早稲田大学
法学部卒業後、国家公務員として許認可・用地買収・人事労務の職務に
従事。2011年4月に市川市役所に入庁し、介護老人保健施設で職員の採
用・給与計算・労務管理など施設運営管理全般に携わる。2016年4月よ
り現職。社会保険労務士、国家資格キャリアコンサルタントの資格を持
つ。著書に『人材の多様化に対応！　労働法制の適用範囲がよくわかる
自治体の人事労務管理』（第一法規、2020）、『介護職員処遇改善加算超
実践マニュアル』（日本法令、2017）、『介護施設運営・管理ハンドブッ
ク』（日本法令、2016）がある。

# 自治体の人事担当になったら読む本

2022年4月20日　初版発行

著　者　鳥羽 稔（とば みのる）

発行者　佐久間重嘉

発行所　学 陽 書 房

〒102-0072　東京都千代田区飯田橋1-9-3
営業部／電話　03-3261-1111　FAX　03-5211-3300
編集部／電話　03-3261-1112
http://www.gakuyo.co.jp/

ブックデザイン／佐藤　博　DTP製作・印刷／精文堂印刷
製本／東京美術紙工